JN060642

心理学統計法

清水裕士

心理学統計法（'21）

装丁・ブックデザイン：畑中　猛

s-30

はじめに

一昔前と違い、いまは心理学といえばデータと統計学を使う、科学的な学問であることが、広く知られるようになった。高等学校で習う数Ｉにもデータ分析が含まれるようになり、すでに統計学がどういったものかをなんとなく知っている受講生の人も多いだろう。また、データサイエンスという言葉も知られるようになったことで、データから有益な知見を見出す統計学への関心も、近年高まっているように思われる。

本書で扱うのは、心理学で使う統計学的手法である。統計学を使えば、実験や調査で得られた結果を要約したり、実際にデータを取った人以外にも結果を一般化したりすることができる。心理学では、そういった要約と一般化の手法によって、科学的知見を発見、検証してきた。心理学で用いる統計的手法は多岐にわたり、とても本書ですべてを解説することはできない。そこで、心理学の研究を行うための最低限の統計手法について、しかしできるだけ丁寧に解説を行うこととした。その意味では、解説している内容はとても基礎的で、多くの統計の教科書と大きく変わる部分はない。

一方で、本書は他の教科書と少し違う設計で書かれている。ここで本書のオリジナリティを少し書いておきたいが、その点は本書の内容を理解しないとわからないものである。よって、本講義を受講し終わってからもう一度この「はじめに」を読んでもらえるといいかもしれない。

これまでの心理学者むけの統計の教科書は、理論的な説明を重視しつつ実際に手計算ができるレベルまで丁寧に解説するものと、理論的な解説はさておいてソフトウェアの使い方を中心に解説するタイプ、の２つがあるように思われる。前者はかなり基礎的な手法（統計的検定）の解説で終わっているものが多く、後者はどちらかといえば高度な統計手法（多変量解析）まで扱っている。しかし、近年は統計的検定だけで結果を報告することに対して、厳しい批判が向けられている。統計的検定だけではなく、区間推定を行うことが推奨されている。一方で、区間推定の多くは手計算では難しい場合が多い。数式が難しいだけでなく、繰り返し計算が必要な場合が多いからである。よって、これまでのように手計算にこだわっていては、区間推定を中心とした解説を行うことができない。そして、ソフトウェアの使い方だけではその原理が理解できない。

そこで本書は、これまでの教科書のように統計的検定を中心とするのではなく、区間推定に焦点を当てて解説している。そして、区間推定の原理や考え方を丁寧に解説しながら、各統計量の区間推定そのものはソフトウェアに任せるというスタイルで執筆している。実際に、学習課題では、いくつかはソフトウェアを用いて計算するものを用意している。

本書は特定のソフトウェアの使い方については解説していないが、オススメのフリーソフト（筆者が開発したHADというExcelで動くソフト）を１章で紹介している。WindowsでもMacでも、Excelさえあれば動くソフトなので、ぜひダウンロードして使ってみてほしい。実際にデータを分析しながら原理を理解することは、統計の学習においてとても重要かつ、効率的だからである。

本書が、これから心理学統計法を学ぶみなさんにとって、よいスタートをきるための手助けになることを願っている。

2021年３月

清水　裕士

目次

1　心理学統計法を学ぶにあたって

清水　裕士

《目標＆ポイント》　本章では、統計学とは何か、そして本講義で学ぶ心理学統計法の概要について理解することを目指します。また、なぜ心理学で統計学を学ぶのか、そして本講義を受講するにあたっての注意点やポイントについても説明します。
《キーワード》　データ、変数、記述統計学、推測統計学、因果推論、積み上げ式、数式の和

1.1　統計学とは

統計学を本書、あるいは本講義ではじめて学ぶ人も多いと思います。統計学とはどのような学問でしょうか。

統計学は、知りたいことについてのデータを取得し、それを要約し、また知りたいものを推測するための方法論です。**データ（data）**とは、広義には現実に存在するあらゆる資料や記録、調査結果など、情報を符号化したものすべてを指す言葉です。しかし、統計学が想定するデータは、主にカテゴリや数値によってコーディングされた情報のことを指します。統計学において「知りたいこと」とはさまざまですが、特に心理学では、多くの場合は個人や集団の特徴がその対象となります。人間行動を理解するのが心理学であれば、心理学統計法では、人間行動を理解するためのデータを集めて要約したり、人間全般の行動の原因となる特徴を推測したりすることが目的であると言えるでしょう。

統計学には、大きく分けて2つの手法があります。それは、記述統計学と推測統計学です。以下では、それぞれについて簡単に紹介します。

1.1.1　記述統計学

本書の、第2章から第6章が記述統計学と呼ばれる分野に該当します。**記述統計学**（descriptive statistics）とは、得たデータを要約するための統計手法のことです。統計的分析で扱うデータとは、多くの場合は数値データになりますが、雑多な数値データ全部を眺めていても、複雑すぎて何が何やら分かりません。しかし、それを要約することで人間でも理解できるものになります。記述統計学とは、複雑なデータを人間が分かるように要約する、情報圧縮の手法であるとも言えます。

記述統計学には、データの可視化、統計量の算出という2種類の要約の仕方があります。データの可視化とは、グラフや表を作ってデータの特徴を視覚的に把握するための技法です。データの特徴をうまく取り出すには、ただ単にグラフを作ればいいのではありません。データの取り方や性質に合わせて、適切なグラフ作成を心がける必要があります。データの性質や可視化については第2章で学習します。

次に、統計量の算出についてです。**統計量**（statistic）とは、データから計算された数値のことです。厳密な定義は第7章で行いますが、ここでは雑多なデータを1つの値に要約したもの、と考えるといいでしょう。日常的にもよく使う、平均値や合計値といったものも統計量の1つです。第3章では、データから統計量を計算する方法を解説します。データの特徴をとらえるために、さまざまな統計量が提案されているので、1つ1つをしっかり理解しましょう。

第4章、第5章、第6章では、複数の変数の関係性を表す統計量について学びます。**変数**（variable）とは、値が変化する量のことを指します。たとえば、身長を10人から測定するとき、10人とも違った値になるのが普通です。身長という、測っている対象は同じですが、値がそれぞれ10人とも異なる（異なりうる）ため、そのようなデータを変数と呼ぶのです。

心理学では、変数同士の関係を調べるために統計学を使います。相関係数や回帰係数、平均因果効果といった、さまざまな変数同士の関係を表す統計量が登場しますが、それぞれの使い所を理解しましょう。

1.1.2　推測統計学

第7章からは、**推測統計学**（**inferential statistics**）について学びます。記述統計学が得られたデータの要約を行うのに対し、推測統計学では得られたデータから、そのデータ発生源である母集団と呼ばれる対象の性質を推測することが目的です。

心理学の実験では、それほどたくさんの人からデータを集めることはしません。多くて100人程度です。もし記述統計学だけで統計分析をするならば、実験に参加した100人だけに当てはまる性質を理解していることになってしまいます。しかし、心理学で実際に知りたいのは、日本人全般、あるいは人間全般の集団の性質です。そのような一般化は、推測統計学を理解することによって可能になります。心理学が科学的な研究を行えているのは、この推測統計学のおかげです。

推測統計学は、確率論という数学を用います。第7章では確率や確率変数の考え方を理解し、限られたデータからなぜ大きな集団の性質を理解できるのかの大枠を学習します。第8章からは、より厳密に人間全般の集団といった大きな対象の性質を理解するための方法論を学んでいきます。正直なところ、第8章以降はそれ以前の章に比べて、数式が多く出てきます。それらに慣れていない読者にとっては難しく感じるでしょう。ただ、できるだけ基礎的な仮定から推測統計学について説明するよう心がけましたので、読んでいて分からなくなったら、前の章に戻って、定義から確認していくことをオススメします。

第 12 章からは、推測統計学においてよく利用される、統計的検定について学びます。心理学では統計的検定が非常によく使われます。検定の考え方は、シンプルですが、決して簡単ではありません。第 11 章までの学習内容を十分確認して、進めていくほうがいいでしょう。また、最後の第 15 章では統計的検定を含めた、統計分析における注意点についてまとめています。統計的分析はさまざまな仮定があります。それらの仮定を逸脱することによって、どのように分析結果が歪められるかを解説しています。

1.2　心理学でなぜ統計学を使うのか

心理学を勉強しようと思ったとき、多くの人がつまずく要因は、心理学で統計学を利用しているからかもしれません。大学では、心理学は文学部や社会学部といった文系の学部に含まれていることが少なくない割に、勉強内容は意外に数学などの知識が求められたりします。なぜ心理学では、統計学を利用するのでしょうか。

すでに解説したように、統計学には記述統計学と推測統計学があります。そして、心理学で基本となるのは推測統計学です[1)]。推測統計学の目的をもう少し詳しく説明して、心理学にどのように役立てられているかを理解しましょう。

1.2.1　推測統計学の目的

推測統計学は、知りたい対象についての測定（観測）、将来の予測、因果関係の推測、現象の説明、という大きく分けて 4 つの目的がありま

1）もちろん、推測統計学の理解には記述統計学の勉強が不可欠です。

す。測定とは、人間全般に共通する特徴を数値として把握することであったり、一人の人の能力を調べたりすることを指します。たとえば、学力を測定するのにも、推測統計学の技術が使われています。また、日本人の内閣支持率を知りたい、という場合も広義の測定に含まれます。これらは、限られたデータから対象（個人でも集団でも）の性質を推定するという枠組みで共通しています。心理測定のための統計学は、**心理測定学**（psychometrics）とも呼ばれます。

次に、予測は分かりやすいと思いますが、将来に得られる現象を当てることです。天気予報などが一番身近で分かりやすいと思います。天気予報は過去の気象データを用いて、そのパターンを分析し、明日雨が降るかどうかを当てます。最近では、**機械学習**（machine learning）と呼ばれる分野の発展がめざましく、パターン認識の精度が高くなり、より正確に予測ができるようになっています。

次に因果関係の推測は、ある出来事がきっかけとなって、あとの出来事が生じるという関係を調べることです。典型的には、２つのグループを用意し、１つのグループでは特に変わったことはせず、もう１つのグループでは介入を行い、２つのグループで後に違いが生じたら、その介入に因果的な効果があった、ということを示す方法です。たとえば、あるダイエットドリンクにダイエット効果があるかどうかを調べるためには、無作為に割り当てた２つのグループを作り、１つのグループには普通の食生活を、もう１つのグループには食後に必ずダイエットドリンクを飲む、という介入を行い、数カ月後の体重の差を調べます。差があったなら、それはダイエットドリンクのダイエットへの因果効果があったことを意味します。このように、因果について統計学的に迫るアプローチを、**統計的因果推論**（causal inference in statistics）と呼びます。統計的に因果を推測する方法は第６章で学びます。

最後に、現象の説明は、得られたデータがなぜそのように得られたのかを説明するということです。心理学でもモデルを作ることで、説明を試みています。近年では、モデルがデータをどれほどうまく説明できているかを評価する方法論である、**統計モデリング（statistical modeling）**という手法が広まりつつあります。最も簡単な統計モデリングついては、第５章の回帰分析で学びます。

1.2.2　因果関係を知ることと推測統計学

さて、心理学の分野で最も使われるのは、因果関係の推測です。もちろん、測定も予測も説明も行いますが、因果関係の推測が中心的であるのは間違いないでしょう。心理学では実験を使うということはすでに学習したかもしれません[2)]。心理学では、実験を使って因果関係を明らかにするということが研究のベースになっています[3)]。なぜ心理学で実験を使うのかは、第６章で詳しく学びますが、簡単に言えば、実験が因果関係を知るのに最もやりやすい方法だからです。心理学では、ある処置や介入、実験操作によって、人々の行動がどのように変わるかを確かめます。実験法を使うと、その介入こそが人々のその後の行動を変えたのだ、と主張できるのです。

因果関係が１つの実験で確かめられたとしても、それがすべての人に当てはまるとは限りません。今回実験に参加した人だけの効果かもしれません。そのような限定がないよう、心理学では実験室で得られた因果効果を一般化したいのです。その目的において、推測統計学はとても重要な意味を持ちます。なぜなら、限定的なデータから、人一般に当てはまる法則性を明らかにする第一歩となるからです。このように、推測統計学は、人一般の理解をしたい心理学の目的にとても合っているのです。

２）心理学研究法という分野で勉強ができます。

３）もちろん実験を使わない、あるいは使うことが難しい心理学の分野もたくさんあります。しかし、どの心理学の分野の研究者も、最初に習うのは実験法です。それほど重要な位置を占めています。

1.3 統計ソフトウェアについて

本書は、統計学の理論的な解説を行うことに重点を置き、ソフトウェアの使い方などについては触れていません。本書で扱う統計分析は、代表的な統計ソフトウェアではどれも対応している基礎的なものばかりです。よって、どのソフトウェアを用いても本書で扱う分析の結果を再現することができます。

これまでの統計学の教科書は、手計算で統計量や検定を行うことに重点がおかれてきたように思います。しかし逆説的に、手計算でできる範囲のことしか説明されていない、という現状があります。本書では、推測統計学については、計算はソフトウェアに任せてしまっていいと考えています。もちろん手計算でできる範囲のものはぜひ紙とペンで計算してほしいのですが、重要なのは心理学統計法において概念を理解し、報告すべきことをしっかり報告することです。ただ闇雲に手計算の方法を学ぶことではありません。実際、ほとんどの心理学者は手計算で計算をしているわけではありません[4)]。

そこで、特に本書では統計ソフトウェアとして、HAD をおすすめします。HAD は、著者の一人である清水が開発した統計ソフトウェアで、Microsoft Excel で動作します。Microsoft Excel が入っていれば、OS は Windows でも Mac でも動作します[5)]。HAD を使うことで、大学に行かずとも家で統計分析の勉強を行うことができます。また、操作性も簡単で、分析結果もグラフ付きで表示されるため、その解釈も容易です。

HAD は清水の Web サイトからダウンロードできます。Web で「統計ソフト　HAD」と検索すれば、おそらく最初に表示されると思います（図 1‑1）。サイトにいけば、HAD とはどういうソフトウェアか、どのように使えばいいのかが解説されています。

4）もちろん、一度は手計算を経験することは重要であることに違いはありません。
5）ただし、一部の機能は Mac に対応していません。とはいえ、本書で扱うレベルの分析は Mac でも十分可能です。

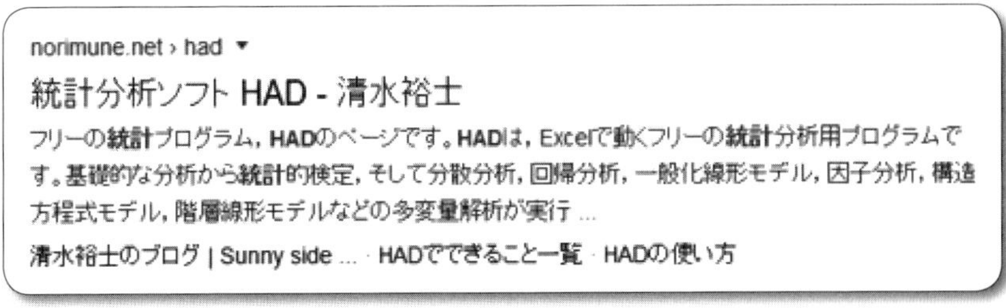

norimune.net › had ▾
統計分析ソフト HAD - 清水裕士
フリーの統計プログラム，HADのページです。HADは，Excelで動くフリーの統計分析用プログラムです。基礎的な分析から統計的検定，そして分散分析，回帰分析，一般化線形モデル，因子分析，構造方程式モデル，階層線形モデルなどの多変量解析が実行 ...
清水裕士のブログ | Sunny side ... · HADでできること一覧 · HADの使い方

図1－1　HAD を Web で検索した結果

また、HAD の使い方を解説した書籍もいくつか出版されています。小宮・布井（2018）や柴田（2018）がありますので、適宜参照してもらえればと思います。

HAD は図 1－2 のように、Excel のシートにデータを入力します。HAD では変数を列に、データの単位（実験参加者など）を行にしたデータセットを用います。B 列には必ずデータの単位を識別する変数（ID 変数）を入力する必要があります。また、欠測データはピリオド（.）を入力します。

このように、参加者を行、変数を列にするデータセット形式は心理学

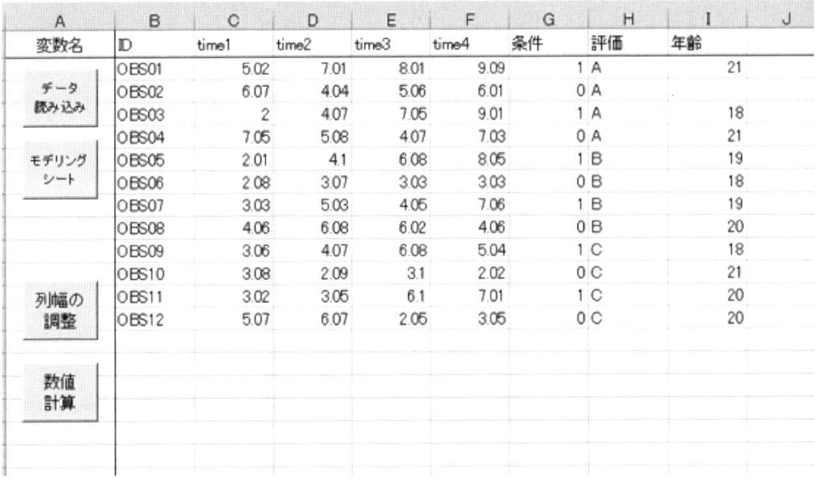

A	B	C	D	E	F	G	H	I	J
変数名	ID	time1	time2	time3	time4	条件	評価	年齢	
	OBS01	5.02	7.01	8.01	9.09	1	A	21	
	OBS02	6.07	4.04	5.06	6.01	0	A		
	OBS03	2	4.07	7.05	9.01	1	A	18	
	OBS04	7.05	5.08	4.07	7.03	0	A	21	
	OBS05	2.01	4.1	6.08	8.05	1	B	19	
	OBS06	2.08	3.07	3.03	3.03	0	B	18	
	OBS07	3.03	5.03	4.05	7.06	1	B	19	
	OBS08	4.06	6.08	6.02	4.06	0	B	20	
	OBS09	3.06	4.07	6.08	5.04	1	C	18	
	OBS10	3.08	2.09	3.1	2.02	0	C	21	
	OBS11	3.02	3.05	6.1	7.01	1	C	20	
	OBS12	5.07	6.07	2.05	3.05	0	C	20	

データ読み込み
モデリングシート
列幅の調整
数値計算

図1－2　HAD のイメージ

でよく用いられます。本書で登場するデータも、基本的にはそのように表記しています。

1.4　本書を読むうえでの留意点

本書は、統計学の教科書です。心理学を学んでいる多くの方が読まれてきたであろう人文科学系の教科書と異なり、やや数学的な記述が多い書籍となっています。よって、本書を読むにあたっていくつか留意しておくべき点について記しておきます。

1.4.1　必ず、ノートとペンを用意すること

すべての章ではありませんが、本書では数式が登場します。それは、統計学という数学を学ぶ上で避けては通れません。しかし、その数式のレベルは決して高いものではなく、ほとんどは中学レベルのものです。よって、本書を手にしている読者は、忘れてはいるかもしれませんが、初めて見る数学的な計算はないはずです。本書を読むにあたって、必ず数式をゆっくり追いかけながら読んでもらいたいと思います。

そのときに必要なのが、ノートとペンを用意することです。数式を頭の中で展開することは非常に難しく、そして理解も不十分になりがちです。また、数式だけでなく、概念的な理解をするときも自分でまとめながら読み進めていくことがとても重要です。本書に書いている式や図を真似て描くだけでも、その意味が不思議と理解できるものです。

1.4.2　分からなくなったら、前の章に戻って読む

統計学では各章が独立しているのではなく、積み上げ式に学んでいきます。小説（推理小説以外）を読むとき、いちいち後ろに戻って読むことは少ないと思います。しかし、統計学の教科書は、必ず概念が前の章

で定義されていて、その定義に基づいて解説が行われます。重要な概念は太字で記されているので、それらの定義はあとですぐに参照できるようにノートに記録しておくといいでしょう。そうすれば、分からなくなったときに、その言葉がどのように定義されているかを思い出すことができます。

また、紙面の都合上、本書だけでは説明が不十分なところもあると思います。その点については、適宜参考文献を挙げていますので、そちらも合わせて確認してください。

1.4.3　数式について

本書で登場する数式は、ほとんどが四則演算と平方根によって構成されています。しかし、どうしてもデータを数学的に扱う上で、数列の和の記号であるΣが登場します。読者によっては、このΣ記号が苦手な人もいるかもしれません。そこで、本節では、Σ記号の意味と、それを活用することの利点について解説します。

数列とは、数字が並んだ列のことですが、心理学統計法の文脈では、ほとんどがデータの並んだ列がそれになります。いま、１～５点となる値について５人からデータを

$$x = (1, 3, 4, 2, 5)$$

というように得たとします。このデータについて、合計を計算するとき、

$$1+3+4+2+5$$

となるわけです。さて、Σ記号が出てくるのは、この具体的な値を変数化して、抽象的に表現したいときです。５人のデータを具体的な値ではなくて、

$$x = (x_1, x_2, x_3, x_4, x_5)$$

というように、変数として書きたいときがあります。それは、たとえば合計値の定義を説明するときに、具体的な値では一般化が難しいからです。このような場合も、

$$x_1 + x_2 + x_3 + x_4 + x_5$$

と書けば、合計を定義するときに書き下せるように思えます。しかし、5人の場合だけでなくデータの数を一般化して n 人にしたい場合は、

$$x_1 + x_2 + \cdots + x_n$$

と書かざるを得ません。

このようなとき、Σ記号が役に立ちます。数列の個数がいくつであっても、具体的な値が入っていなくても、合計値を定義できるからです。Σ記号を使って合計値を定義すると、

$$\mathrm{sum}(x) = \sum_{i=1}^{n} x_i$$

となります。Excel を使ったことがある人は sum( )が合計値を返す関数であることを知っているかもしれません。Summation は合計の英語で、サメーションと呼びます。さて、Σ記号の意味ですが、下に $i=1$、上の n が表記されていますが、これは、添字 i の意味を理解すれば簡単です。いまデータは、

$$x = (x_1, x_2, \cdots, x_n)$$

という n 個の数列になっています。そして、それぞれのデータには添

字が1から n までの数字がつけられています。Σ記号は、下の $i=1$ と上の n は、この添字 i を1から n まで変化させたときの和を意味しています。

もう少し複雑な場合を見てみましょう。各データから定数 a を引いた値の合計を知りたいとします。すなわち、

$$(x_1-a)+(x_2-a)+\cdots+(x_n-a)$$

です。このとき、Σ記号を使うと、

$$\sum_{i=1}^{n}(x_i-a)$$

となります。

さらに複雑な例として、2重にΣ記号が出てくる場合を考えてみましょう。2重にΣ記号を使うのは、データが行列、つまり数列が縦と横に並んでいるような場合です。たとえば、

x_{11}	x_{12}	x_{13}	x_{14}
x_{21}	x_{22}	x_{23}	x_{24}
x_{31}	x_{32}	x_{33}	x_{34}

のようなデータです。これらの合計値を計算することを、記号を使って一般化すると、

$$\sum_{i=1}^{3}\sum_{j=1}^{4}x_{ij}$$

となります。もちろん、行数の3と列数の4を n、m と一般化すること

もできます。

心理学ではこのように参加者×変数の２次元のデータを使うことがよくあるため、本書でも、２重のΣ記号まではよく出てきます。読んでいてつまずいたときには、上の表現であることを思い出してください。

学習課題

$n=6$ 個のデータ $x=(2, 3, 4, 5, 6, 7)$、$a=4$ において、次の計算をしてみましょう。

$$\frac{1}{n}\sum_{i=1}^{n}(x_i-a)^2$$

引用文献

- 小宮あすか・布井 雅人（2018）『Excel で今すぐはじめる心理統計 簡単ツール HAD で基本を身につける』講談社
- 柴田康順（2018）『心理統計の使い方を学ぶ －質問紙調査による実践を通じて－』大正大学出版会

2　データの尺度水準と可視化

紀ノ定　保礼

《目標＆ポイント》 実験や調査により獲得したデータは、どのようなデータであっても任意の計算方法を適用してよいわけではありません。本章では、データは4つの尺度水準に分類できることや、それぞれの水準でどのような計算が適切かを説明します。また、獲得されたデータについて理解を深めるためには、可視化という作業が非常に重要であることを例示します。
《キーワード》 尺度水準、量的データ、質的データ、可視化

2.1　心理学におけるデータ

第1章ですでに学んだように、心理学では実験や調査などによって、「心のはたらき」を反映していると考えられるデータを得て、統計的に分析を行うことで、「心のはたらき」の一般的な傾向を探ります。たとえば、刺激が提示されてから実験参加者が反応するまでの所要時間である、反応時間（reaction time）は、認知心理学における最も代表的なデータの1つです。当該刺激の「情報処理のしやすさ」によって、反応時間の長短が変わると考えられます。実験参加者の情報処理という「心のはたらき」を、時間というデータで表現しているのです。あるいはリッカート法やSD法に基づき作成されたアンケート項目に対する回答も、参加者の信念や考えという「心のはたらき」を反映したデータと考えられます。

ただし、データはその性質に応じて、比例尺度、間隔尺度、順序尺度、

名義尺度という4つの尺度水準に大別されることに注意が必要です。

2.2　データの水準

2.2.1　比例尺度

刺激が提示されてから実験参加者が反応するまでの時間、他者の接近を許容できる距離、2リットルのペットボトルと等しく感じる箱の重さなどはすべて、**比例尺度（ratio scale）**[1] 水準のデータです。

比例尺度水準のデータには、値が0のとき、“ない”ことを意味するという特徴があります。二者が完全に同じ位置に立っているとき、二者間の距離は0、すなわち二者の間の隔たりがないことを意味します。何も乗っていないときの体重計の表示は0、すなわち上からかかる余分な重さがないことを意味します。

このように、比例尺度水準のデータは0という絶対的な原点を持つため、同じ単位（例：kg、m、秒、個）のデータ同士は、掛け算や割り算により、一方が他方の何倍かという倍率でも表現できます。たとえば3m先にいる人は、1m先にいる人より、3倍遠くにいると表現できます($\frac{3}{1}=3$)。15m先にいる人もまた、5m先にいる人より3倍遠くにいると表現できます($\frac{15}{5}=3$)。比例尺度水準のデータならば、基準となるデータと、そこからの倍率が記録されていれば、すべての値が特定できることになります。

また、比例尺度水準のデータは、1mと2m、10mと11mのように、単位が同じであれば目盛間の間隔がどこを切り取っても等しいことを仮定します。そのため同じ単位（例：kg、m、秒、個）のデータ同士は、足し算や引き算により、間隔でも表現できます。3m先にいる人は、1m先にいる人よりも、2m遠くにいると表現できます（$3-1=2$）。比例尺度水準のデータならば、基準となるデータとそこからの差が記録され

1）比例尺度は比率尺度と呼ばれることもありますが、本書では「比例尺度」で統一します。

ていれば、すべての値が特定できることになります。

2.2.2　間隔尺度

目盛間の等間隔性が仮定されており、一見すると比例尺度のように見えるデータであっても、0が絶対的な原点ではない場合には、**間隔尺度**（interval scale）水準に属します。間隔尺度の例として代表的な指標が、温度です。温度には摂氏（℃）と華氏（°F）2つの表記があります[2)]。温度計が0を示していたとしても、それが摂氏と華氏のどちらの表記なのかが分からない限り、その値を解釈することができません。また、摂氏か華氏かにかかわらず、温度計が0を示したとしても、「寒い」「暖かい」のように形容することはあっても、「温度がない」とは言えませんよね。温度は0が絶対的原点ではないので、昨日の気温が摂氏10℃、今日の気温が摂氏20℃だったとしても、気温が2倍になったと解釈することができません。

ただし比例尺度と同様に、摂氏1℃と摂氏2℃、摂氏10℃と摂氏11℃のように目盛間の等間隔性が仮定されているため、間隔尺度水準のデータ同士で足し算や引き算を行った結果を解釈可能です。たとえば、昨日の気温が摂氏10℃で今日の気温が摂氏20℃であったならば、「今日は昨日よりも気温が10℃高い」と解釈できます。

なお比例尺度と間隔尺度のデータは、**量的データ**（quantitative data）と総称されることがあります。

2.2.3　順序尺度

「昨晩の睡眠時間は何時間でしたか？」という質問に対する回答は、比例尺度水準のデータと考えられます。0時間と回答した場合は、「睡眠しなかった」と解釈できるからです。では、「昨晩の睡眠時間を、次

2）温度には他にも、理論上一番低い温度である「絶対零度」という原点を持つ絶対温度がありますが、ここでは日常的に使用する指標のみに注目しています。

の中から選んでください。(1) 3時間以内、(2) 5時間以内、(3) 7時間以内、(4) それ以上」という質問の場合はどうでしょうか。比例尺度や間隔尺度が前提とする、目盛間の等間隔性が保証されていませんね。「(4) それ以上」は、8時間以上かもしれないし、10時間以上かもしれないからです。このように、数値が大きくなるほど（または小さくなるほど)、程度が大きく（または小さく）なることを示してはいるものの、目盛間の等間隔性が保証されていないデータは、**順序尺度**（ordinal scale）水準に属します。順序尺度水準のデータは数字のように見えてもあくまで名前にすぎず、順序尺度水準のデータ同士で加減乗除の計算を行うことは適切ではありません。

心理学研究では、リッカート法によるアンケートが用いられることが多いです。たとえばある絵画に対する印象を、「美しいと思う」と「素敵だと思う」の2項目で質問し、それぞれの質問項目について「1. 全く当てはまらない」「2. あまり当てはまらない」「3. どちらともいえない」「4. やや当てはまる」「5. 非常に当てはまる」の5件法で回答してもらったとしましょう。「美しいと思う」と「素敵だと思う」はいずれも、ポジティブな感性的評価を表しているので、これら2項目の合計値が高い人ほど、当該の絵画に対して良い印象を抱いていると推察されます。

では、目盛間の等間隔性は保証されているのでしょうか。「4. やや当てはまる」と「3. どちらともいえない」の差は、「2. あまり当てはまらない」と「1. 全く当てはまらない」の差と等しいのでしょうか。この尺度に限らず、一般的には任意の言語ラベルが付与された目盛間の等間隔性を完全に保証することは困難でしょう。よって、ここまでの説明に従うと、アンケート項目の回答データは、順序尺度水準に属すると考えられます。すると、2項目の合計値を求めるという計算も適切ではないことになります。多くの研究では、何らかの理由や工夫により、等間隔からの逸脱が無視できるほど小さいと仮定し、アンケート項目の回答データを間隔尺度水準であるとみなして（あるいは信じて）いると思われます。しかし、本当にそのような仮定を置いてよいかどうかは、慎重な判断が必要です。

2.2.4　名義尺度

たとえ数値のように見えても、その実態は名前にすぎず、順序に関する情報も持たないデータは、**名義尺度**（nominal scale）水準に属します。たとえば、提示された画像が標的か否かを弁別する課題を実施し、正答した試行を1、不正解の試行を0、制限時間内に回答できなかった試行を2とコーディングしたとしましょう。実験者は、これら3つの試行が区別できさえすればよいのだから、このコーディング方法に必然性はなく、正答した試行を0、不正解の試行を2、制限時間内に回答できなかった試行を1としてもよいはずです。極端にいえば、「甲乙丙」のように数字を用いずにコーディングしても、試行の識別は可能です。名義尺度水準のデータは、数値が複数のカテゴリーで重複しなければ、任意の数値を割り当てることが可能なのです。よって、名義尺度水準のデータ同士で加減乗除の計算を行うことは適切ではありません。

なお順序尺度と名義尺度のデータは、**質的データ**（qualitative data）と総称されることがあります。

2.3　データの可視化

心理学的な研究では、数百試行からなる実験を実施したり、数千人を対象にアンケート調査を実施したりと、獲得するデータが多くなることがあります。仮に、300試行からなる実験を、40人の実験参加者を対象に実施したとしましょう。結果が記録されたファイルには12000行のデータがあり、1行ずつ眺めても全体的な傾向（例：実験条件では統制条件に比べて、反応時間が長い）を把握することは困難です。そのような大量のデータの特徴を把握するうえで、「可視化」と「要約」という2つの方法が有効です。要約についての詳細は第3章に譲ることにして、本章では可視化について解説します。ただしデータの可視化と要約は互いに密接に関係している問題であるため、本章でもデータの要約について先取りする場合があります。

2.3.1　量的データの可視化

まず、1つの量的データを可視化する方法を説明します。画面上に提示された画像が、標的か否かを弁別する実験課題を、200試行経験したとします。予備実験では、ほとんどの実験参加者は0.5秒程度で反応できたと仮定しましょう。予備実験の結果を踏まえると、もし反応時間が0.2秒未満のような早い反応があった場合、参加者は刺激をちゃんと見ずに反応した可能性があります。また、反応時間が1.5秒以上のような遅い反応があった場合、疲れてぼうっとしていた可能性があります。

200試行のうち、これらの極端なデータがどの程度紛れ込んでいたか、データの個数を指す**度数**（**frequency**）を可視化してみましょう（図2－1a）。

仮に0.2秒未満または1.5秒以上の反応時間を、通常は生起しにくい稀なデータと定義した場合、200試行中、20試行をそのようなデータが占めていました（図2－1a）。しかし、実際には0.2秒以上1.5秒未満という範囲の中にも、さまざまなデータのばらつきが存在すると予想されます。たとえば、これら180試行の反応時間はすべて0.21秒だったかもしれないし、均等に分布していたかもしれません。より全体的な傾向を知る方法はないのでしょうか。

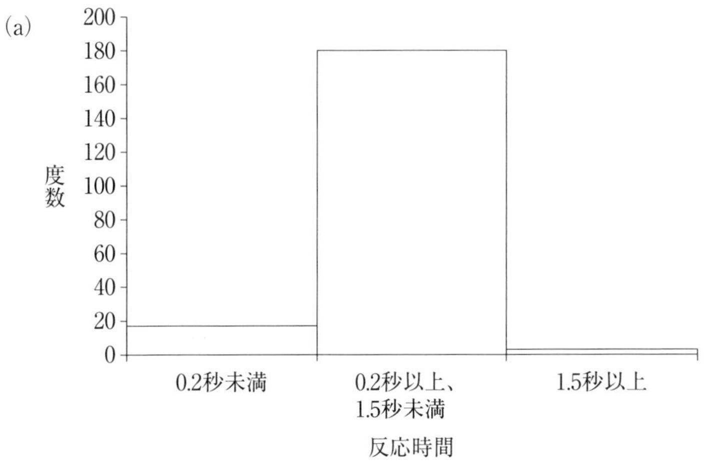

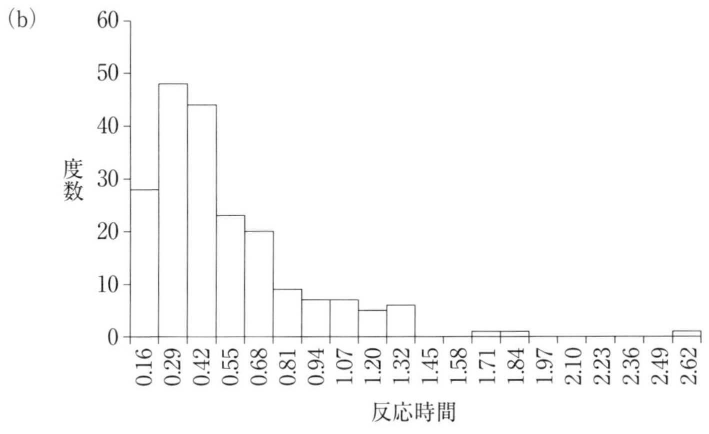

図２－１　反応時間の分布とヒストグラム

そこで反応時間を細かく（ここでは 0.13 秒ごと）等間隔に区切って、再度可視化してみると、全体的なデータの傾向が分かりやすくなりました（図２－1b）。データを分割する区間を、**階級**（class）と呼び、各階級の範囲を**階級幅**（class width）と呼びます。そして、各階級に該当するデータの度数を縦棒で示し、図2－1bのように隙間なく並べたグラフを、**ヒストグラム**（histogram）と呼びます。量的なデータの全体的な特徴を把握する際には、まずヒストグラムを描いてみることが重要です。ただし階級幅によって、ヒストグラムの見た目から受ける印象が変わりうることに注意が必要です。

2.3.2　量的データ同士の可視化

次は、量的データ同士の関係を**散布図**（scatter plot）で可視化してみましょう。ディスプレイ上に、0°～180°回転した状態でbまたはdの文字が提示され、どちらの文字が提示されたのかをボタン押しで反応する実験を実施したとします。横軸に回転角度を、縦軸に各角度条件における反応時間（秒）を点でプロットしたものが、図2－2です。このように、量的なデータ同士の関係を散布図で表すと、緩やかに右肩上がりの傾向を示すことが理解できます。

点同士を線分でつなぐと、**折れ線グラフ**（line plot）になります。もし横軸の変数が、日数のように一定方向に推移する情報を意味する場合には、図2－3のように折れ線グラフは有効な可視化手段です。

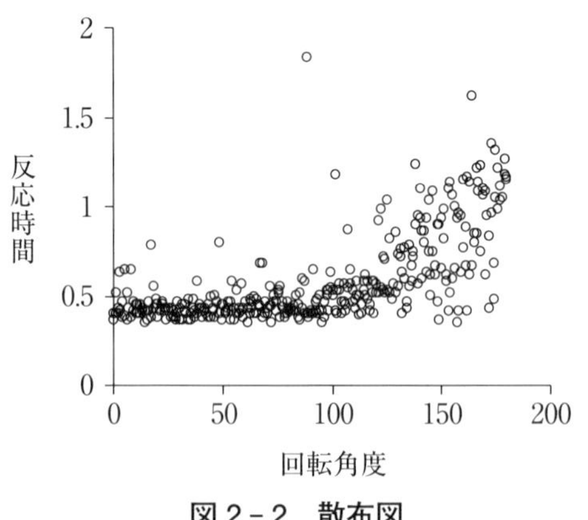

図2－2　散布図

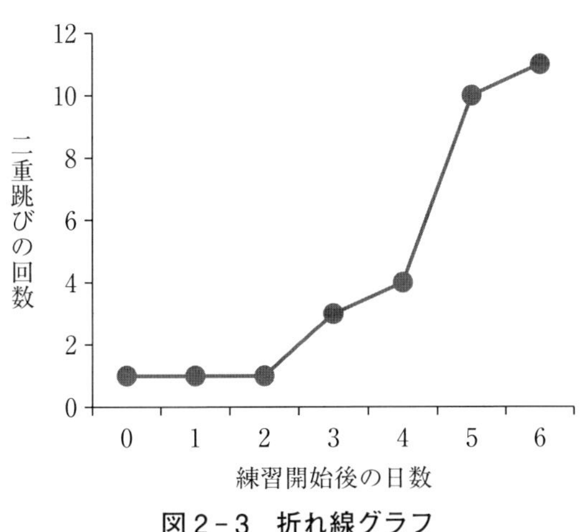

図２-３　折れ線グラフ

コラム

散布図で可視化することの有効性

ある調査の結果、v1 と v2 という２つのデータが得られたとします。それぞれのデータのヒストグラム（図２-４）を見ることで、「v1 の分布は左右対称に近いけれど、特定の階級にデータが集中しているようだ」「v2 は、多くの階級で度数が同じだな」など、さまざまな情報が得られます。

次に v1 と v2 の関係を散布図で表すと、図２-５のようになります。なんと、「HELLO」という文字が現れました。このようなデータが自然に

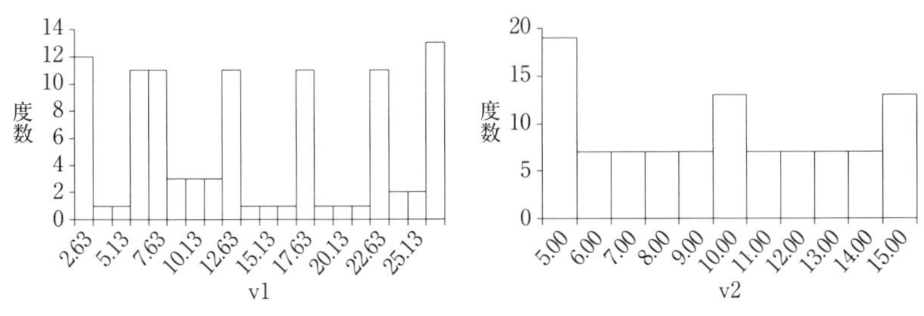

図２-４　それぞれのデータのヒストグラム

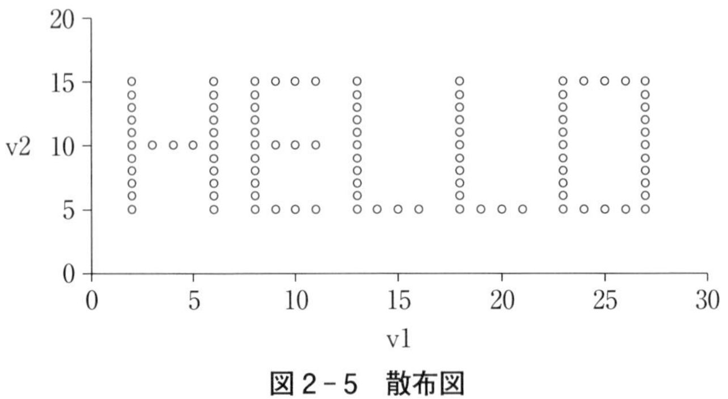

図２－５　散布図

得られる可能性は、全くないとは言い切れませんが、少なくとも「何か変だ」と疑うきっかけにはなります。

ヒストグラムは、データの分布を表す優れた可視化手法ですが、１つのデータの分布しか教えてくれません。図２－５のように、複数のデータ同士の関係を可視化しなければ発見できない事実も存在することに注意してください。

2.3.3　量的データと質的データの関係の可視化

次は、量的データと質的データの関係を可視化する事例を紹介しましょう。あるテストの得点を３条件間で比較している状況を想像してください。各条件につき20名の実験参加者が無作為に割り当てられたとします。条件ごとの得点の平均値を算出し、それを棒の高さで図示したものが図２－６です。このようなグラフを**棒グラフ(bar plot)**と呼びます。どうやら条件によらず、平均得点はほぼ同じようです。棒の頂点から上下に伸びる垂直線は、第３章で説明する標準偏差を反映しています[3)]。今は、標準偏差とはデータのばらつきの指標だと考えてください。すなわち、条件間で平均得点も、得点のばらつきの大きさも、同程度だった

３）この垂直線を誤差棒（error bar）と呼び、他にもさまざまな指標を反映することがあります。

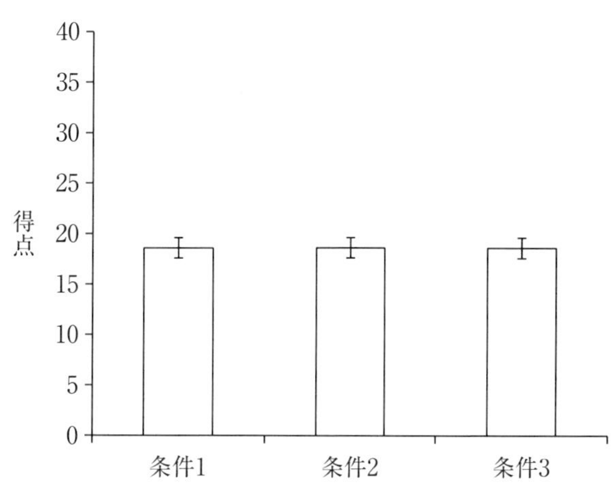

図２-６　条件ごとの平均値とばらつきの大きさを表すグラフ

ように思われます。

かつて心理学の論文には、図２-６のように棒の高さで平均値を表し、上下に伸びる誤差棒の長さでデータのばらつきの大きさを表すグラフが掲載されることが多かったです。ただし、詳しくは第３章で説明しますが、平均値もデータのばらつきの大きさも、本来たくさんあるデータの情報を、少数の値に「要約」した指標であることに注意が必要です。

平均値やばらつきの大きさを計算するために用いた、元々のデータ（ローデータと呼びます）を点で重ね表してみると、図２-７のとおり条件間で分布の仕方がまるで異なることが分かります。条件１では平均値の付近を中心として、上下対称にデータが分布しているように見えます。条件２ではほとんどのデータが平均付近に密集しており、たった１つだけ大きく外れた値が存在しています。条件３では、２つの領域にデータが綺麗に分かれています。

もともと多くの情報があったのに、それらを要約することにより、情

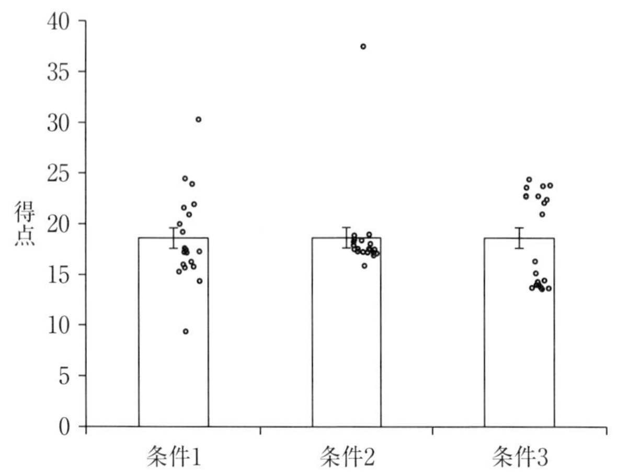

図２－７　条件ごとの平均値とばらつきの大きさに、ローデータを重ねたグラフ

報が大きく減ってしまったことが分かります。このように、可視化はデータの特徴を直感的に理解するうえで有効な手段であると同時に、適当な可視化方法を慎重に検討しなければならないことに注意してください。データを要約する前に、まずヒストグラムや散布図などにより、全体像を把握することが重要です。それによって、要約方法の選択肢も変わりえます。

そして他者にデータを伝える際には、「要約する前」の情報も可能な限り伝えることが重要です。近年の心理学的な論文では、図２－７のようにローデータ自体を重ねて表したグラフもよく見かけるようになってきました。もちろん、ローデータが収められたファイル自体を共有可能にすることも有効です。

データの数が多い場合には、ローデータを散布すると、点同士が重なってしまってよく見えないということが起こりえます。そのような場合に

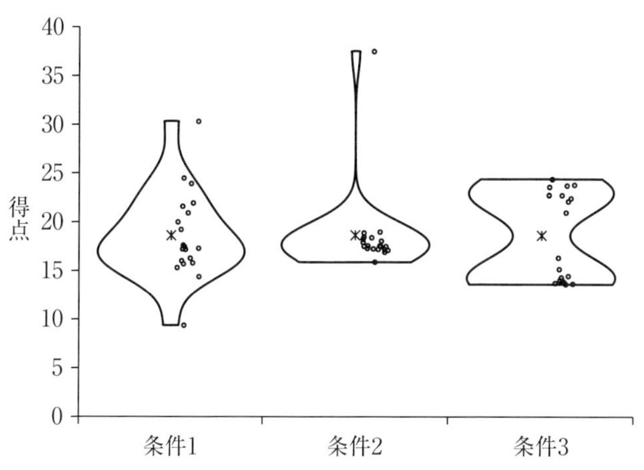

図2-8　ヴァイオリンプロット。アスタリスクは平均値を表す。

は、図2-8のような**ヴァイオリンプロット**（**violin plot**）による可視化が有効です。これは、ヒストグラムを滑らかな曲線で表し、背中合わせに貼り付けたようなグラフです（条件1は、楽器のヴァイオリンのような形状をしていますね）。データがたくさん集まっている場所ほど膨らみが大きく描画されるため、データの全体的な分布の仕方を把握しやすくなります。

ただし設定によっては、条件3の平均値付近のように、本来データが全く存在しない場所も、若干膨らんでしまうことがあります。これでは、条件3では平均値付近にも若干データが存在していたと誤解してしまう可能性があります。1つの可視化方法で満足するのではなく、さまざまな視点でデータを眺め、伝えることが重要です。

2.3.4　質的データの可視化

最後に質的データ、すなわち名義尺度または順序尺度水準のデータを可視化する方法を解説します。質的データ同士で加減乗除の計算を行うことは適切ではないので、平均値などで要約することができません。そこで、該当するデータが何個存在するかという観点で集計し、可視化することになります。

学習フェイズで提示された画像を記憶し、後のテストフェイズで提示される刺激が、かつて記憶した刺激と同じかどうかを判断する、再認課題を例に説明します。ある実験参加者が、100試行からなる再認課題を遂行したところ、Yes（提示された画像は、一度見たことがある）反応を行った試行数、No（提示された画像は、一度も見たことがない）反応を行った試行数、制限時間内に回答できなかった試行数の数は、表2-1の通りでした。

この実験参加者はほんの少しだけ、No反応よりもYes反応のほうが多かったようです。前述のように、各セル内のデータの数を度数と呼びます。そして表2-1のように、ありうる結果のパターンについて度数を集計した表を、**度数分布表（frequency distribution table）**と呼びます。

ただし、単にYes反応とNo反応の度数をまとめても、どのような状況でそれぞれの反応を行ったのかが分からなければ、正解不正解を判断できません。そこで、学習フェイズで一度提示された刺激がテストフェイズで再び提示された場合（Old条件）と、テストフェイズで初めて提示された場合（New条件）を区別して、実験参加者の反応を再度分

表2-1　度数分布表

Yes	No	時間切れ
53	45	2

表2-2　クロス集計表

	Yes	No	時間切れ
Old	26	22	2
New	27	23	0

類しましょう。表２-２のような二次元の度数分布表を、**クロス集計表**（cross table）と呼びます。

ここまでをまとめると、１つの質的変数について度数を一覧にした表が度数分布表、２つの質的変数について度数を一覧にした表がクロス集計表、ということになります。

学習課題

1. 次のデータは、それぞれどの尺度水準に属するでしょうか。
   (a) 西暦　　(b) 貯金額　　(c) 居住する都道府県
2. 実際に統計ソフトウェアを用いて、任意のデータを可視化してみましょう。

参考文献

- 川端一光・荘島宏二郎（2014）『心理学のための統計学入門』誠信書房
- 山田剛史・村井潤一郎（2004）『よくわかる心理統計』ミネルヴァ書房

3 要約統計量

紀ノ定　保礼

《目標＆ポイント》 実験や調査により獲得した大量のデータを、もともとのデータの特徴を反映した少数の値に変換することを、要約と呼びます。本章では、さまざまな要約の方法を紹介するとともに、それぞれの要約方法の利点や注意点も解説します。
《キーワード》 要約、要約統計量、代表値、散布度

3.1 データの要約

第2章でも述べたように、心理学的研究では実験や調査により大量のデータを獲得することが多く、それらの全体的特徴を把握することは容易ではありません。仮に実験参加者が5人しかいなかったとしても、1人あたり500試行を経験していたとしたら、データの総数は2500にも及ぶのです。データの全体的特徴を知るための手段の1つが、第2章で紹介した「可視化」です。第3章ではもう1つの手段である、「要約」を紹介します。大量のデータを、その全体的特徴を反映する少数の値に変換することを、要約と呼びます。そして、変換された値を**要約統計量**（summary statistics）と呼びます。

要約統計量には、大別すると**代表値**（representative value）と**散布度**（measure of dispersion）があります。代表値とは、直感的には、獲得したデータが「だいたいこれくらいの値」であることを示す指標です。散布度は、直感的には、獲得したデータのばらつきの大きさを表す

指標です。

図３-１のヒストグラムに注目してください。(a) と (b) は、異なる地点における年間の気温（℃）のデータだとします。いずれも左右対称の山型を示しており、山の中央付近が一番盛り上がっています。すなわち、獲得したデータには、山の中央付近の値が多かったことが分かります。山の中央付近の値はおよそ0なので、「今回獲得したデータの値は、だいたい0」と言えそうです。

しかし、ヒストグラムの両端をよく見てみると、(a) はおよそ -3.62 ～ 3.44 の範囲でデータが分布しているのに対して、(b) はおよそ -38.84 ～ 33.74 の範囲で分布しています。すなわち (b) のほうが広い範囲にデータが分布しています。図３-１は、代表値「だけ」に注目しても、データの全体像をとらえられないことを教えてくれます。

ではいよいよ、代表値と散布度について詳しく学んでいきましょう。

3.2　代表値

通常、データには散らばりがありますが、「だいたいこれくらい」という見当がつけられることもあるでしょう。たとえばコンビニエンスストアで 1000 円のお菓子が売られていたら、高いと思うのではないでしょうか。それは、「コンビニエンスストアではだいたい数百円でお菓子が

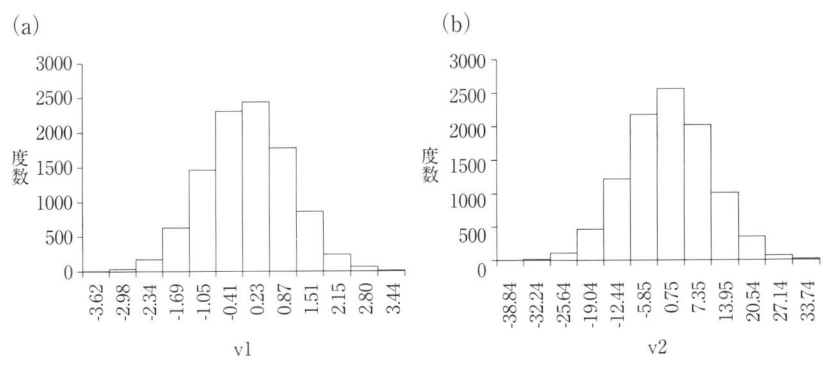

図３-１　さまざまなデータの分布

買える」という経験や知識を、我々が有しているからです。「だいたいこれくらい」を示す単一の値を、代表値と呼びます。

3.2.1 平均値

代表値のなかで最も身近なものが、第2章でも出てきた**平均値**(**mean**)です。我々は日常的に、平均気温や平均身長など、さまざまな文脈で平均という言葉を使います。心理学的研究でも、平均値によって条件ごとのおおまかな値を把握することが多いです。平均値には、算術平均、幾何平均、移動平均などさまざまな種類がありますが、本書では以下で計算される算術平均のみを扱います。すべてのデータを加算した後で、データの個数 n で割ることにより、算術平均が求められます。なお本書では、n 個のデータを $x_1, x_2, \cdots, x_n$ で表し、それらの平均を $\bar{x}$ と表記することにします[1]。

$$\bar{x} = \frac{1}{n}\sum_{i=1}^{n} x_i = \frac{x_1 + \cdots + x_n}{n}$$

具体的なデータを用いて説明します。9人の実験参加者が、0～25点の点数が得られるルーレットを何度か回したところ、表3-1のような数値が得られたとしましょう。見やすいように、昇順に並べています。

1回目と2回目で数値が異なったのはID9の実験参加者だけですが、平均値も異なっています。データの総数が変わらないとしたら、平均値は全データの合計値に比例するため、合計値を変えるようなデータの存在により平均値は変動します。

1回目の結果の平均値は、個々のデータを x_{1i} と表すと、

1）$\bar{x}$ は「エックスバー」と読みます。

表3-1　点数の度数分布（昇順）

	1回目	2回目	3回目	4回目
ID 1	1	1	1	1
ID 2	1	1	1	1
ID 3	2	2	1	1
ID 4	3	3	1	1
ID 5	4	4	4	4
ID 6	5	5	25	25
ID 7	6	6	25	25
ID 8	7	7	25	25
ID 9	7	25	25	−
平均	4	6	12	10.375

$$\frac{1}{9}\sum_{i=1}^{9} x_{1i} = \frac{1+1+2+3+4+5+6+7+7}{9} = 4$$

です。同様に2回目の結果の平均値は、個々のデータを x_{2i} と表すと、

$$\frac{1}{9}\sum_{i=1}^{9} x_{2i} = \frac{1+1+2+3+4+5+6+7+25}{9} = 6$$

です。おおまかには、平均値はデータ全体の分布の中央付近を表してい
ます。視覚的に説明すると、平均値は図3-2のように、同じ重さの球

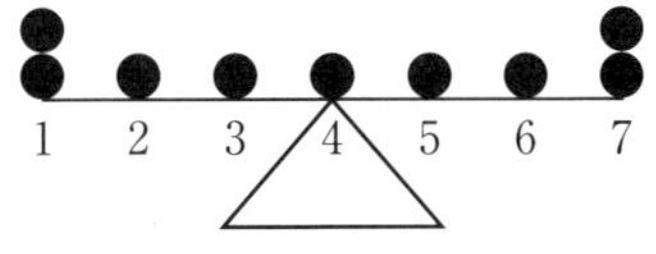

図3-2　平均値のイメージ。表3.1の1回目（上）と2回目（下）の例。

を各データの位置に並べたときに重心となる位置を指します。

3.2.2　中央値

表3-1のようにデータを昇順に並び替えたときに、各データが何番目に位置するかを示す値を、**順位**（rank）と呼びます。そして、ちょうど中央の順位に位置する値を、**中央値**（median）と呼びます。表3.1の場合、1回目から3回目までは、データの総数は奇数（9個）なので、小さいほうから数えて5番目と、大きい方から数えて5番目のデータは、いずれもID5の実験参加者のデータを示しています。したがって、1回目も2回目も3回目も、$x_{15}=x_{25}=x_{35}=4$が中央値となります。この例が示すように、データの総数が奇数ならば、ある値が中央の順位であるということが変わらない限り、それ以外のデータがどのように変化しても、中央値は変化しません。

4回目のルーレットでは、ID9の参加者が不参加のため、データの総数は8だったとしましょう。この場合はデータの総数が偶数なので、ちょうど中央の順位に位置する値が存在しません。あえて中央付近に位置する値を見つけるとすれば、$x_{44}=1$と、$x_{45}=4$が中央値の候補ということになります。データの総数が偶数の場合、これらの中央値の候補の平均値を、中央値と定義します。すなわち$\dfrac{1+4}{2}=2.5$が、4回目のデータの中央値になります。データの総数が偶数の場合、中央付近の2点の値と順位が変わらなければ、それ以外のデータがどのように変化しても、中央値は一定です。

なお、昇順に並び替えたデータを4分割するような切れ目となる3つの値を**四分位数**（quantile）といい、小さいほうから順に、第1四分位数、第2四分位数、第3四分位数と呼びます。第2四分位数は中央値と同じです。第1四分位数と第3四分位数には複数の定義がありますが[2)]、お

2）第2四分位数にも複数の定義がありますが、本書と同じ定義が一般によく用いられます。

おまかにはそれぞれ、データ全体の 25% と 75% 付近の順位に相当する値を指します。

3.2.3　最頻値

表３-１の４回目のようなデータがあったとき、得られた数値は 1、4、25 の３通りしかありません。度数分布表で表すと表３-２のようになります。

同じ数値がいくつも得られているということは、そのようなデータを生み出しやすい、何か特別なメカニズムが存在していたのかもしれません。表３-２のように、得られたすべての数値について度数を集計し、最も度数の大きかった値を、代表値として採用するという発想が可能です。そのような値を**最頻値**（**mode**）と呼びます。

第２章で述べたように、名義尺度水準や順序尺度水準のデータ同士で加減乗除の計算を行うことは適切ではありません。したがって「昨晩の睡眠時間を、次の中から選んでください。(1) ３時間以内、(2) ５時間以内、(3) ７時間以内、(4) それ以上」のような質問に対する回答が１～４の数値で得られたとしても、それらの平均値を求めることに意味はありません。しかし、「(3) ７時間以内と回答した人の数が最も多かった」のように度数を集計することは可能です。そのような場合に最頻値に注目する意義があるでしょう。

もっとも表３-２をよく見ると、実現値１と実現値 25 の度数は、１しか違いません。最頻値だけに注目すると、「25 という実現値を生み出しやすいメカニズム」の存在を見落としてしまう恐れがあります。データを要約する前に、とにかくデータの全体像を可視化することが重要です。

表３-２　表３-１の４回目におけるデータの度数分布表

実現値	1	4	25
度数	4	1	3

コラム

データの変動に対する平均値と中央値の敏感さ

平均値も中央値も、いずれもデータ全体の分布の中央付近を示す代表値であるものの、平均値のほうが中央値よりも、データの変動に対して敏感でした。表3-1の2回目のデータ（中央値が4で、平均値が6）を例に、その理由を解説します[3)]。

$$x_{2i} = (1,1,2,3,4,5,6,7,25)$$

まずは中央値から説明します。全データを代表する値は、個々のデータと「似ている」、すなわち個々のデータとの差が小さいと考えられます。今回のデータでは、中央値は4だったのだから、中央値と各データの差を計算すると、$x_{21}=1$ との差は $1-4=-3$ です。$x_{29}=25$ との差は $25-4=21$ です。x_{21} から x_{29} までのすべてのデータについて中央値である4との差を求め、それらの絶対値を総和すると、$\sum_{i=1}^{9}|x_{2i}-4|=36$ になります。

では次に、中央値が仮に4より少しだけ大きい、または少しだけ小さいと仮定して、上記の計算を行ってみましょう。仮に中央値が4.1や3.9だとしたら総和は36.1、中央値が4.2や3.8だとしたら総和は36.2になります。中央値の候補が4から離れるほど、「各データとの差の絶対値」の総和がどんどん大きくなっていきます。実は中央値は、この総和を最小にする値なのです。

平均値も、似たような性質を持っています。ただし中央値と異なるのは、すべてのデータについて平均値との差を求めた後で、それらの2乗を総和する点です。平均値が6だとしたら、総和は $\sum_{i=1}^{9}(x_{2i}-6)^2=442$ です。もし仮に平均値が6.1や5.9だとしたら総和は442.09、平均値が6.2や5.8だとしたら総和は442.36になります。平均値の候補が6から離れるほど、総和がどんどん大きくなっていきます。

平均値は中央値に比べて、より個々のデータの影響が重みづけられた

3）南風原（2002）に詳しいです。

代表値であるため、データの変動に敏感になるのです。$x_{29}=25$ のように、他の数値とは大きく異なる少数のデータのことを、**外れ値（outlier）** と呼びますが、今回のデータには外れ値が1つだけ混じっていたことにより、その影響に平均値のほうが敏感に反応し、中央値よりも大きくなったのです。データが完璧に左右対称の分布をしている場合に限り（例：表3-1の1回目）、平均値と中央値は一致します。

では、我々は平均値と中央値をどのように使い分けるべきなのでしょうか。南風原（2002）は、平均値は外れ値の影響を受けやすいことが短所のように言及されることがあるが、両者はあくまで異なる基準（上述のコラムの内容）を最適化する指標であり、異なる意味を持つと述べています。平均値は中央値よりも、少数の外れ値に“影響されやすい”指標とも言えるし、少数の外れ値を“考慮しやすい”指標であるとも言えます。

第2章でも述べたように、データを要約するということは、本来たくさんあるデータを圧縮することです。分かりやすさと引き換えに、情報を減らすことでもあります。データを要約する前に、図表などにより全体像を把握し、今回自身がデータを扱う文脈においてどのような要約方法が適当かを検討する必要があります。また、食パンを押し潰すことはできても、潰した食パンから元の食パンの大きさを正確に知ることはできません。他者にデータを伝える場合、要約統計量だけでなく、可能な限りデータ全体の分布も視覚的に伝えることが望ましいです。もし平均値と中央値の乖離が無視できないほど大きいならば、両指標とも報告しましょう。

もっとも、平均値と中央値に乖離が認められた場合、その乖離が無視できるほど小さいか否かの解釈は容易ではありません。仮に中央値が10で平均値が11の場合、小さな乖離に見えるかもしれませんが、0.1秒縮めることも大変な陸上100 m走という競技のタイム（秒）だとしたら、大きな違いになります。これは、代表値の違いが大きいか小さいかを評価するためには、データの散布度も併せて考慮しなければならないということを意味しています。

3.3　散布度

本章の冒頭（図3-1）で示したように、代表値により獲得したデータが「だいたいこれくらいの値」ということが分かっても、データの散らばり方も考慮しなければ、もともとのデータの全体像を知ることはできません。本節では、データが散らばっている程度（散布度）を表す要約統計量を紹介していきます。

3.3.1　分散と標準偏差

散布度の中で最も重要な指標が、**分散**（**variance**）[4)]と**標準偏差**（**standard deviation**）です。いずれの指標も、直感的には値が大きいほどデータのばらつきが大きいことを表していますが、より正確には、データが平均値の付近に密集している程度を反映しています。

表3-1の1回目と2回目のデータを例に説明します。まずすべてのデータから平均値を減算することで、「平均値との差」という指標に変換します。これを平均からの偏差と呼びますが、本書では単に**偏差**（**deviation**）と呼びます。1回目のデータに関する偏差を$d_{11},d_{12},\cdots,d_{19}$で、2回目のデータに関する偏差を$d_{21},d_{22},\cdots,d_{29}$で表記することにします。たとえば、1回目は平均値が4だったので、$d_{11}=x_{11}-4=1-4=-3$、$d_{19}=x_{19}-4=7-4=3$です。

4）本章で扱う分散は、標本分散と呼ばれることもあり、のちに第9章で学ぶ不偏分散という指標と区別する必要があります。本書ではことわりがない限り、分散と表記した場合は標本分散を表します。

$$d_{1i} = (-3, -3, -2, -1, 0, 1, 2, 3, 3)$$
$$d_{2i} = (-5, -5, -4, -3, -2, -1, 0, 1, 19)$$

多くのデータが平均値の付近に集中していたとしたら、多くの偏差は0に近い値になるはずです。今、偏差がだいたいどれくらいかを知りたいので、偏差の平均値を算出してみましょう。…と言いたいところなのですが、偏差には符号が正の値と負の値が混在しています。これでは単純に総和を計算したときに、正の値と負の値が打ち消し合ってしまうことになります。実は、偏差の総和は常に０になります[5)]。したがって、偏差の平均も０になってしまいます。

そこで、各偏差を２乗することで正の値に変換したうえで、平均値を計算することにしましょう。これを分散と呼び、本書ではs^2で表します。また、分散の正の平方根を標準偏差と呼び、本書ではsで表します。

なぜわざわざ計算の手間を増やしてまで標準偏差を求めるかというと、分散は相対的な大小の比較は可能ですが、値そのものの解釈には向いていないからです。すべての偏差を正の値に変換する過程で２乗することにより、分散の単位はもともとの単位の２乗になっています。今回のデータは、９人の実験参加者がルーレットを回して得た点数ですから、分散の単位は“点の２乗”ということになり、解釈が困難です。一方で標準偏差は、分散の正の平方根をとることにより、もともとのデータの単位で解釈することができます。

１回目のデータの分散s_1^2と標準偏差s_1はそれぞれ以下になります。

$$s_1^2 = \frac{1}{9}\sum_{i=1}^{9} d_{1i}^2 = \frac{(-3)^2 + (-3)^2 + \cdots + 3^2}{9} = \frac{46}{9} \fallingdotseq 5.11$$

5）（証明）$\sum_{i=1}^{n} d_i = \sum_{i=1}^{n}(x_i - \bar{x}) = \sum_{i=1}^{n} x_i - \sum_{i=1}^{n} \bar{x} = n\bar{x} - n\bar{x} = 0$

$$s_1 = \sqrt{s_1^2} = \sqrt{\frac{46}{9}} \fallingdotseq 2.26$$

同様に2回目のデータの分散 s_2^2 と標準偏差 s_2 はそれぞれ以下になります。

$$s_2^2 = \frac{1}{9}\sum_{i=1}^{9} d_{2i}^2 = \frac{(-5)^2 + (-5)^2 + \cdots + 19^2}{9} = \frac{442}{9} \fallingdotseq 49.11$$

$$s_2 = \sqrt{s_2^2} = \sqrt{\frac{442}{9}} \fallingdotseq 7.01$$

1回目と2回目のデータは、たった1つだけ、$x_{19} = 7$ か $x_{29} = 25$ かだけが異なりました。2回目のデータのほうが、よりデータが広く分布していることを反映して、分散も標準偏差も大きくなっています。分散も標準偏差も、値が大きいほど平均値から離れたデータが多い可能性を教えてくれます。

ここで可能性という言葉を使った理由は、第2章の図2-7で示したように、平均と標準偏差が同じであっても、データの分布がまるで異なる場合があるからです。代表値と同様に、散布度もあくまで要約統計量であり、データの全体像を知るためには、また伝えるためには、可視化を併用する必要があることに注意してください。

3.3.2　範囲

範囲（range）は、データの最小値と最大値の差を表す散布度です。たとえば実験参加者の年齢が25歳から45歳までの間で分布していたとしたら、範囲は $45 - 25 = 20$ になります。範囲は計算が容易という利点がありますが、最小値と最大値しか考慮しないため、それ以外のデータの「散らばり方」については情報を持ちません。たとえば表３-１の２回目から４回目までは、いずれも最小値が１で最大値が25のため、範囲だけに注目すると散布度が同じと評価されます。また、極端に小さな値や大きな値が１つ加わるだけで、値が大きく変動してしまいます。

3.3.3　四分位範囲と四分位偏差

最大値と最小値の差で定義される範囲に対して、第３四分位数と第１四分位数の差で定義される範囲が、**四分位範囲**（interquantile range）です。第３四分位数と第１四分位数の間には、全体の約半分のデータが存在するため、これらの中央付近のデータに限定した散布度ということになります。四分位範囲が小さいほど、約半分のデータが分布の中央付近に密集している可能性があります。ここで再び可能性という表現を使った理由は、次のコラムで詳しく述べます。

また、四分位範囲を２で割った指標が、**四分位偏差**（quantile deviation）です。

コラム

四分位数と箱ひげ図

四分位数を利用した可視化の手法が、**箱ひげ図**（box-whisker plot）です。第２章の図２-７のデータを箱ひげ図で表すと、図３-３のようになります。

中央の四角形の領域が、“箱”です。この箱の下辺が第１四分位数、箱の中の水平線分が第２四分位数、箱の上辺が第３四分位数を表します。箱から上下に伸びている垂直の線分を“ひげ”と呼びます。ひげの長さが示すものは、場合によって変わることがありますが、図３-３では最小

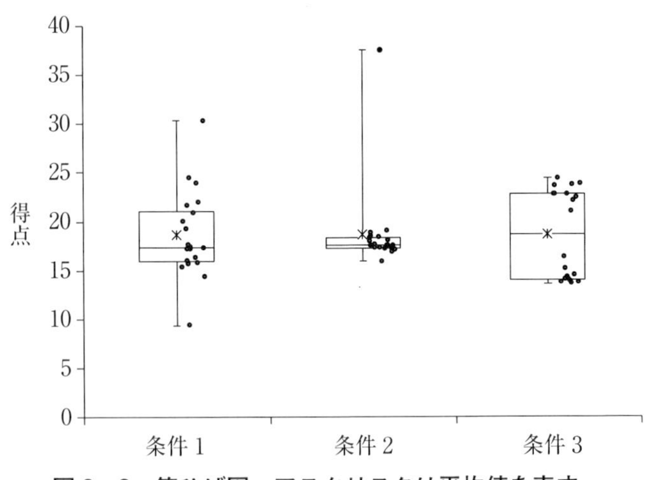

図 3 - 3　箱ひげ図。アスタリスクは平均値を表す。

値と最大値までひげが伸びています。

図 3 - 3 では、この上に平均値をアスタリスク（*）で、ローデータを点で表示してみました。第 2 章の図 2 - 7 と比べると、たとえ平均値と標準偏差が条件間で等しいデータを用いた場合でも、データの分布の仕方が異なることが一目瞭然です。

もっとも箱ひげ図は、5 つの数値だけで描かれた図であることに注意してください。図 3 - 3 の場合は、(1) 最大値、(2) 第 3 四分位数、(3) 第 2 四分位数、(4) 第 1 四分位数、(5) 最小値、の 5 点です。図 3 - 3 の条件 3 をよく見てください。箱の中に、第 2 四分位数、すなわち中央値が水平線で描かれています。しかし重ね描きされたローデータを見ると分かるように、その中央値と一致するローデータは存在しません。データ数が偶数（20 個）であったため、ちょうど真ん中の順位というものが存在せず、昇順に数えて 10 番目と 11 番目の順位のデータの平均値が、中央値として計算されたためです。ローデータを重ね描きせずに、箱ひげ図だけを見ると、あたかも四分位範囲にデータがくまなく分布しているかのような誤解を与えかねません。

図3-4には、図3-3における条件3と酷似した箱ひげ図を生み出す、異なるデータの分布（条件4）を示しています。箱ひげ図を描くために必要な5つの数値の付近にのみデータが存在していても、一見して区別できないグラフができ上がってしまいます。

Weissgerberら（2015）は、「The best option for small datasets is to show the full data, as summary statistics are only meaningful if there are enough data to summarize（データの数が少ないときは、すべてのデータを見せることが最良だ。なぜなら要約統計量は、要約するに足るほど多くのデータがある場合のみ意味があるからだ〈紀ノ定訳〉）」と述べ、ローデータを可視化することの重要性を主張しています。

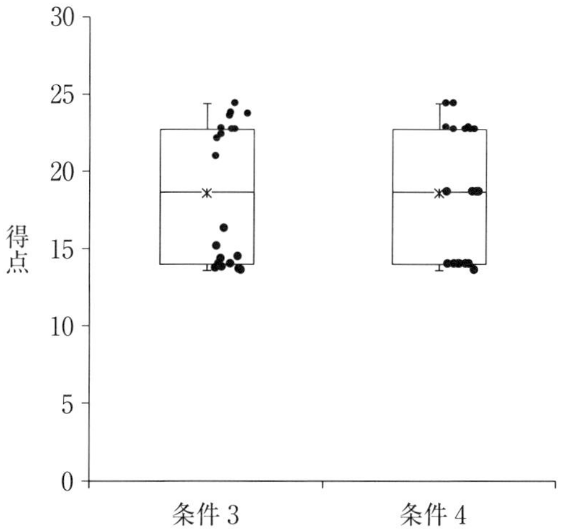

図3-4　酷似した箱ひげ図を生み出すローデータの例。アスタリスクは平均値を表す。

学習課題

次のデータの平均値、中央値、分散、標準偏差を計算してみましょう。

$$x_i = (1,5,0,2,6,3,10,1,4,7)$$

引用文献

- Weissgerber, T. L., Milic, N. M., Winham, S. J., & Garovic, V. D. (2015). Beyond bar and line graphs: Time for a new data presentation paradigm. PLoS Biology, 13(4), e1002128
- 南風原朝和（2002）『心理統計学の基礎―統合的理解のために―』有斐閣

参考文献

- 皆本晃弥（2016）『スッキリわかる確率統計―定理のくわしい証明つき―』近代科学社

4　2変数間の関係

平川　真

《目標&ポイント》 本章の目標は、2変数の関係について、図表などで視覚的に表現する方法と数値によって表現する方法について理解することです。両方とも量的変数の場合と両方とも質的変数の場合について、その関係を数値化する方法を学びます。関係を表す指標には、測定単位やクロス集計表のサイズといった2変数の関係の大きさとは関係のない要素によって変動する指標（共分散、χ^2値）と、関係の大きさのみを反映する指標（相関係数、クラメールの連関係数）があることを学びます。

《キーワード》 散布図、共分散、相関係数、クロス集計表、χ^2値、クラメールの連関係数

4.1　2変数の関係の視覚的表現方法と数値表現方法の分類

第2章で説明したように心理学的研究で扱う変数は質的変数と量的変数の2種類に大別されます。したがって、両方とも質的変数、一方が質的変数でもう一方が量的変数、両方とも量的変数の3つのケースを考えることができます。これらの3つのケースについて、その2変数の関係を視覚的に表現する代表的な方法と2変数の関係を表す代表的な指標を整理したのが表4-1です。

本章では、両方とも量的変数の場合と両方とも質的変数の場合における、2変数の関係を表現する方法を学びます。一方が質的変数でもう一方が量的変数の場合の2変数の関係については、平均値の比較という観

表4－1　2変数の関係を表す代表的な図表と指標

	図表	指標
両方とも質的変数	クロス集計表	連関係数
一方が質的変数で、 一方が量的変数	棒グラフ 箱ひげ図 ヴァイオリンプロット	標準化平均値差
両方とも量的変数	散布図 折れ線グラフ	相関係数

点から、第11章で説明します。

4.2　両方とも量的変数の場合

1つの量的変数として「体重(kg)」を、もう1つの量的変数として「50m走のタイム（秒)」を考えてみましょう。100人を対象に、体重計に乗ってもらった後、50mを走ってもらうということを行い、体重についての特定の値と50m走のタイムについての特定の値を得ました[1)]。

4.2.1　図表による表現

第2章で学んだように、2つの量的変数の関係を視覚化するとき、2つの変数をそれぞれ横軸と縦軸に配置し、データをプロットする散布図が有効です。散布図を見ると2つの変数の関係が視覚的に把握できます。図4－1では、全体的に右上がりにデータがプロットされています。これは、体重が重い人ほど50m走のタイムが長い傾向があるということです。あるいは、体重が軽い人ほど50m走のタイムが短い傾向があるとも言えます。今回のデータのように、一方の変数の値が大きいともう一方の変数の値も大きいという全体的な傾向があるとき、その2変数に正の相関関係があるといいます。逆に、一方の変数の値が大きいともう

1）架空のデータです。

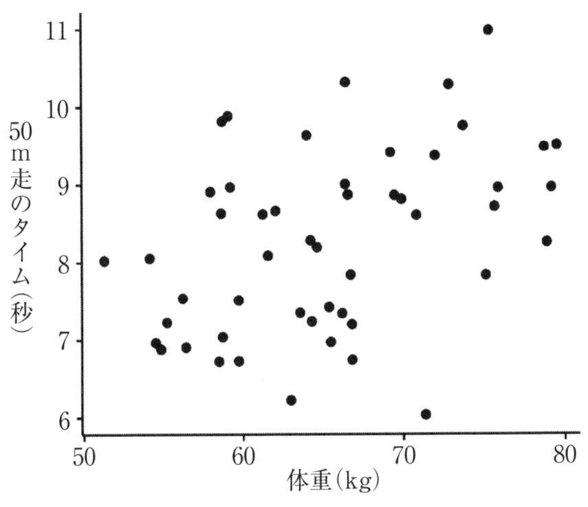

図4-1　体重と50m走のタイムの散布図

一方の変数の値が小さいという全体的な傾向がある場合には、その2変数に負の相関関係があるといいます。

4.2.2　数値による表現

第3章で扱った1変数の場合、ヒストグラムなどで表現された変数について、その代表的な値や散らばりの度合いを平均値や標準偏差といった値によって表現しました。2つの量的変数の関係についても、その散布図を眺めて「何となく関連性がありそうだ」と判断するのではなく、関連性の程度を何らかの指標にすることができれば便利です。以下では、2変数が両方とも量的変数の場合に、その関係性を数値によって表現する方法について説明します。

4.2.2.1　共分散

2変数の関係を表す指標として、**共分散**（covariance）があります。

共分散は、各変数の平均からの偏差の積を平均したもので、次の式で定義されます。ここで、n はデータの総数、x_i と y_i は個々のデータの値、$\bar{x}$ と $\bar{y}$ は各変数の平均値を表します。

$$s_{xy}=\frac{1}{n}\sum_{i=1}^{n}(x_i-\bar{x})(y_i-\bar{y})$$

なぜこの指標が2変数の関係を表すのでしょうか。図4-1の散布図に、体重の平均値($\bar{x}$)と50m走のタイムの平均値($\bar{y}$)を破線で加えました(図4-2)。個人が持つ2変数のデータについて、それぞれの平均値からの偏差を取り、それらの値を掛けます。すなわち、$(x_i-\bar{x})(y_i-\bar{y})$ の操作を行います。2つの数字を掛けて得られる値は、「正の値と正の値を掛けるとき」そして「負の値と負の値を掛けるとき」に正の値になり、「正の値と負の値を掛けるときに」に負の値となります。

したがって、図4-2の右上の領域にあるデータ（すなわち、2変数とも平均値以上の値を取るデータ）、そして、左下の領域にあるデータ（すなわち、2変数とも平均値以下の値を取るデータ）については、2変

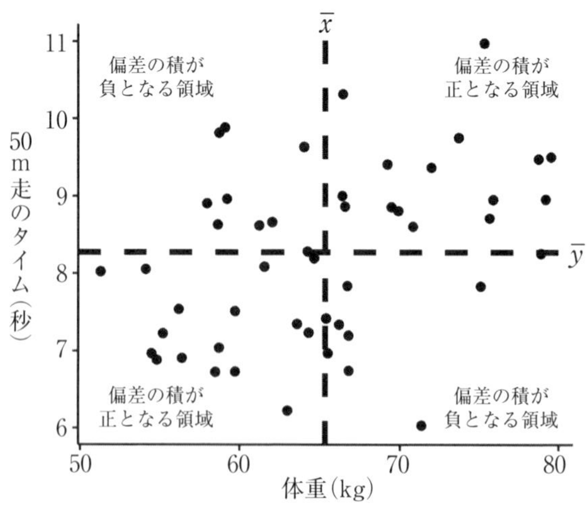

図4-2　散布図におけるデータの位置と偏差の積の符号の関係

数の偏差の積は正の値を取ります。また、図4－2の左上と右下の領域にあるデータ（すなわち、一方の変数が平均値以上の値を、もう一方の変数が平均値以下の値を取るデータ）については、2変数の偏差の積は負の値を取ります。

共分散は偏差の積を平均した指標ですから、基本的には、データが右上と左下の領域に多くある場合には正の値になりますし、データが左上と右下の領域に多くある場合には負の値になります。このように、データが右上と左下の領域に多くある場合には、散布図で右上がりの傾向が見てとれますし、共分散は正の値となります。同様に、データが左上と右下の領域に多くある場合には、散布図で右下がりの傾向が見てとれますし、共分散は負の値となります。また、データが左上と右下よりも右上と左下の領域に「かなり」多いときには、強い右上がりの傾向が見てとれ（図4－3a）、データが左上と右下よりも右上と左下の領域に「少し」多いときには、弱い右上がりの傾向が見てとれます（図4－3b）。共分散は偏差の積を平均した指標ですから、図4－3bの状態に比べて、図4－3aの状態のほうが、負の値で打ち消される量が小さい分、値は大きくなります。

共分散が2変数の関係性の方向とその強さを表す指標として便利であ

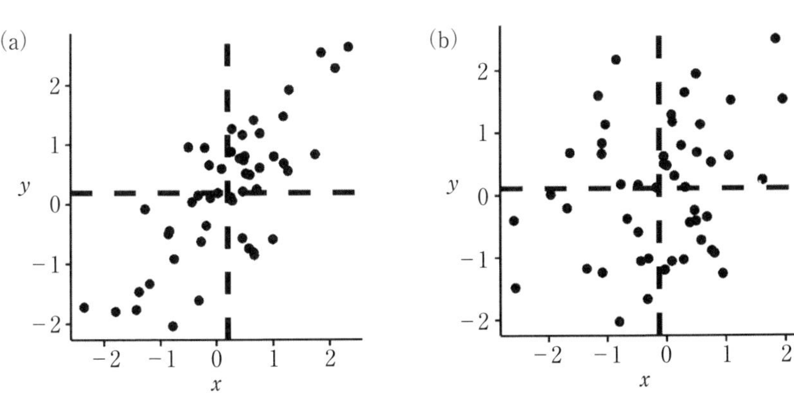

図4－3　関連の強さが異なるように見える散布図におけるデータの位置

ることが分かりましたが、問題点があります。それは、共分散の値は、2変数の関係の程度が変わらなくても、その大きさが変化してしまうということです。たとえば、先ほどの体重（kg）と50m走のタイム（秒）のデータについて、体重をg単位で記録したとします。同じデータですから、体重と50m走のタイムの関係は変わらないはずです。しかし、これによって共分散の値は大きくなります。測定の単位が変化することで、個々のデータの値は、たとえば67のデータは67000といったように、数値としては1000倍されます。偏差についても、その平均からの偏差が2だったデータが2000になります。結果として、偏差の積の平均である共分散も1000倍になります。

関係性の強さ以外の要素によって値の大きさが変わってしまうのでは、共分散の値の大きさを関係性の指標として解釈するには不便です。なぜなら、共分散がたとえば200ということが分かった場合、右上がりの傾向があることは分かっても、その傾向の強さについては分からないためです。

4.2.2.2　相関係数

共分散はデータを定数倍するなどの、2変数の関係性には影響を与えない操作によって、その値が変化してしまいます。そこで、何らかの数値で基準化することを考えます。共分散を基準化した指標として、ピアソンの積率相関係数（以下、単に相関係数と呼びます）があります。**相関係数**（**correlation coefficient**；r_{xy}）[2)] は、次の式にあるように、共分散 s_{xy} を2変数それぞれの標準偏差の積 $s_x s_y$ で割ったものです。

$$r_{xy}=\frac{s_{xy}}{s_x s_y}$$

相関係数の値は、-1 から $+1$ の範囲に収まります。これは、s_{xy} が取

2）研究論文では、何についての相関係数であるかが文脈上明らかな場合、単に r と表記されることがあります。以降では、x と y の相関係数を単に r と表記します。

り得る値の最大値が $+s_x s_y$ で、最小値が $-s_x s_y$ であるためです[3)]。

相関係数は、その係数がプラスであれば正の相関関係があることを、マイナスであれば負の相関関係があることを示し、また、その係数の絶対値の大きさは関係の強さに対応しているため、2 つの量的変数の関係を表す指標としてとても便利です。

ただし、相関係数については、①変数の関係として直線的な関係を評価する指標であること、②外れ値の影響をうけやすいことに注意して利用することが重要です。

図 4 - 4 の a 図では、x と y には U 字の関係が見てとれ、b 図では M 字の関係が見てとれます。視覚的には、x と y には（直線的な関係ではないものの）何らかの関係があると判断できます。しかし、このデータについて相関係数を算出すると、それぞれ $r = -0.01$、-0.05 となります。相関係数はあくまで、直線的な関係を評価する指標であり、相関係数が 0 に近いことは、「2 変数が無関係である」ということを必ずしも意味しないことを理解しておきましょう。

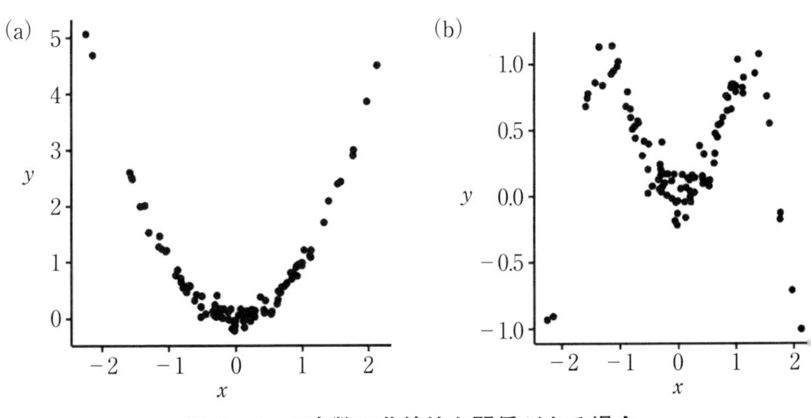

図 4 - 4　2 変数に曲線的な関係がある場合

3）この点についての詳細な説明は南風原（2002; pp. 45-47）を参照してください。

図 4 - 5 の a 図には相関係数が 0.00 の散布図を示しています。b 図はa 図のデータに外れ値(散布図の右上の点)を加えたものです。b 図のデータで相関係数を算出すると、r= 0.50 となり、正の相関関係があると判断できる数値となります。外れ値はデータ入力のミス等の人為的な要因によって生じることもあります。相関係数だけで 2 変数の関係を把握していると、人為的なミスによって外れ値がデータに混入している場合に、その 2 変数の関係について誤った判断をしてしまう可能性があります。

相関係数は便利な指標ですが、相関係数によって 2 変数の関係を要約することが適切かどうかは、散布図を描くことなどによって確認する必要があります。これは、第 3 章で繰り返し強調してきたことです。数値要約によって膨大なデータの特徴を 1 つの数値にまとめる際、その要約が適切なものであればデータを理解するために有用ですが、その要約が不適切なものであれば、データを誤った形で理解してしまうことにつながりかねません。

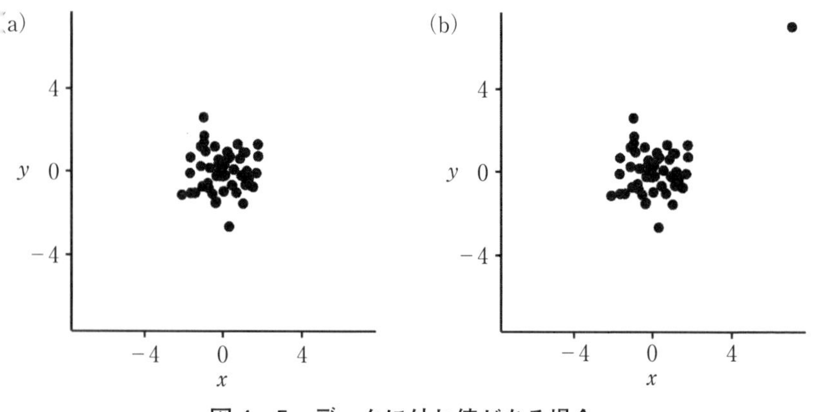

図 4 - 5　データに外れ値がある場合

4.3　両方とも質的変数の場合

1つの質的変数として「出身地」を、もう1つの質的変数として「好きな麺類」を考えてみましょう。ここで「出身地」は「関西・関東」という2つのカテゴリを持ち、「好きな麺類」は「うどん・そば」という2つのカテゴリを持つとします。この例で2変数の関係を知りたいということは、すなわち、出身地によって好きな麺類に偏りがあるか（たとえば、「関東出身の人はうどんよりもそばを好みがちである」といった関係があるか）を知りたいということです。

ある人に、その人の出身地と好きな麺類を尋ねると、「関東・うどん」といった回答や「関西・そば」といった回答が得られます。関西・関東出身の400人からこの質問への回答を集めてみました[4)]。回答を集計すると、関西と回答した人が180名、関東と回答した人が220名でした。また、うどんが好きと回答した人は220名、そばが好きと回答した人は180名でした。

4.3.1　図表による表現

以上のことからは、今回得られたデータについて「関東出身者が多かったのだな」ということや「うどんが好きな人が多かったのだな」といった、1つの変数についての傾向は分かりますが、出身地と好きな麺類の関係は分かりません。そこで、第2章で学んだクロス集計表を作成します。「関西・うどん」「関西・そば」「関東・うどん」「関東・そば」のように、2つの変数（出身地と好きな麺類）のカテゴリの組み合わせを作成し、それに該当する人数を数え、集計したものが表4－2です。

上の例では、2つの変数はそれぞれ2つのカテゴリ（関西・関東、うどん・そば）を持っていますが、カテゴリ数はいくつでも構いません。

4）架空のデータです。

表４－２　出身地と好きな麺類のクロス集計表

	うどん	そば	計
関西	130	50	180
関東	90	130	220
計	220	180	400

変数Ａと変数Ｂがそれぞれ a 個と b 個のカテゴリを持つ場合、クロス集計表は表４－３のようになります。

クロス集計表の右下のセルにはすべてのセルの度数を合計した値が入り（表４－２では 400、表４－３では n）、この値を総度数といいます。また、行や列ごとの度数の合計値のことを周辺度数といいます。表４－２では、関西の行を見ると、うどんが好きと回答した人が 130 名、そばが好きと回答した人が 50 名います。これを合計した 180 という数字が周辺度数です。表４－３では $n_{1\cdot}$ にあたります。同様に、関東の行について、90 と 130 を合計した 220（表４－３では $n_{a\cdot}$）、うどんの列について 130 と 90 を合計した 220（表４－３では $n_{\cdot 1}$）、そばの列について 50 と 130 を合計した 180（表４－３では $n_{\cdot b}$）も周辺度数です。周辺度数は、１つの変数の特定のカテゴリ（たとえば関西出身）について、もう１つの変数がどのカテゴリかを区別せずに（すなわち、うどんが好きな関西出身者か

表４－３　変数Ａと変数Ｂのクロス集計表

	1	2	…	j	…	b	計
1	n_{11}	n_{12}	…	n_{1j}	…	n_{1b}	$n_{1\cdot}$
2	n_{21}	n_{22}	…	n_{2j}	…	n_{2b}	$n_{2\cdot}$
…	…	…	…	…	…	…	…
i	n_{i1}	n_{i2}	…	n_{ij}	…	n_{ib}	$n_{i\cdot}$
…	…	…	…	…	…	…	…
a	n_{a1}	n_{a2}	…	n_{aj}	…	n_{ab}	$n_{a\cdot}$
計	$n_{\cdot 1}$	$n_{\cdot 2}$	…	$n_{\cdot j}$	…	$n_{\cdot b}$	n

（周辺度数）（右端の列 $n_{1\cdot}$～$n_{a\cdot}$）

（周辺度数）（最下行 $n_{\cdot 1}$～$n_{\cdot b}$）　（総度数）（n）

そばが好きな関西出身者かを区別せずに)、合計した値です。

さて、ここから出身地と好きな麺類という 2 変数の関係について何か分かるでしょうか。得られたデータにおいて、関西出身者では、うどんが好きと回答した人が 130 名、そばが好きと回答した人が 50 名なので、うどんが好きな人が多かったと言えます。一方で関東出身者では、うどんが好きと回答した人が 90 名、そばが好きと回答した人が 130 名なので、そばが好きな人が多かったと言えます。出身地と好きな麺類には何らかの関係がありそうです。

4.3.2　数値による表現

2 変数が両方量的変数の場合、散布図で視覚的に確認される 2 変数の直線的関係を、共分散や相関係数によって数値で表現しました。2 変数が両方質的変数の場合においても、そのクロス集計表を眺めて「何となく関連性がありそうだ」と判断するのではなく、関連性の程度を何らかの指標にすることができれば便利です。以下では、2 変数が両方質的変数の場合に、その関係性を数値によって表現する方法について説明します。

4.3.2.1　χ^2 値

欲しい指標は関連性の程度を表す指標ですが、少しひねって、「関連が全くない状態からのずれ」を表す指標を考えます。関連が全くない状態からずれていれば関連があると考え、そのずれの程度が関連性の程度の指標となると考えるのです。

先のデータでは、関西出身と回答した人が 180 名、関東出身と回答した人が 220 名でした。また、うどんが好きと回答した人は 220 名、そばが好きと回答した人は 180 名でした。これらを周辺度数というのでした。

出身地と好きな麺類には全く関連がないとしたら、どのようなクロス集計表が得られると期待できるでしょうか。まず関西出身者に注目します。関西出身者は180名でした。次に、出身地にかかわらず、うどんが好きと回答した人がどのくらいの割合がいるのかに注目します。400名中220名が「うどんが好き」と回答しており、その割合は220÷400＝0.55です。もし、出身地と好きな麺類に関係がないのだとしたら、関西出身でうどんが好きと回答する人は、関西出身者180名中の55%ですから、180×0.55＝99名が「うどんが好き」と回答するだろうと期待できます。この99という数字を期待度数といいます。関東出身者の場合にも同様に、出身地と好きな麺類に関係がないとしたら、関東出身者220名のうち55%すなわち121名が「うどんが好き」と回答するだろうと期待できます。

ある組み合わせの期待度数（e_{ij}）を求めるためには、その組み合わせの属する行と列の周辺度数（$n_{i\cdot}$と$n_{\cdot j}$）を掛けて、総度数（n）で割ることによって求めることができます。

$$e_{ij}=\frac{n_{i\cdot}\times n_{\cdot j}}{n}$$

先ほどの例では、関西でうどんが好きと回答する人の期待度数は、関西の周辺度数180（$n_{i\cdot}$）に、出身地にかかわらずうどんが好きと回答する割合（0.55）を掛けて求めました。0.55という割合は、うどんが好きという回答の周辺度数220（$n_{\cdot j}$）を総度数400（n）で割ることで求めるので、上の式と同じことをしていることが分かります。

2つの変数に全く関連がないと仮定した場合の期待度数を求めることができたので、データがその期待からどの程度ずれているのかを表すことを考えます。その指標として **χ^2（カイ2乗）値（chi-square value）** があります。今回の例は変数A（出身地）とB（好きな麺類）はそれぞれ2個のカテゴリを持つ場合ですが、一般化して、変数Aと変数Bがそれぞれa個とb個のカテゴリを持つ場合の式を記載しました。

$$\chi^2 = \sum_{i=1}^{a}\sum_{j=1}^{b} \frac{(n_{ij} - e_{ij})^2}{e_{ij}}$$

n_{ij}は実際に得られたそのセルの度数（観測度数といいます）を、e_{ij}はそのセルの期待度数を示します。したがってこの式は、観測度数と期待度数の差を2乗し、期待度数で割ることを、すべてのセルについて行い、その値を合計することを意味しています。実際に得られたセルの度数と2変数に関連がない状態で期待される度数の差を合計していますので、関連性がない状態から得られたデータがずれている程度を反映する指標であることが分かります。

表4-4には、出身地と好きな麺類のクロス集計表に、観測度数（n_{ij}）と期待度数（e_{ij}）をあわせて記しています。これを使って、具体的に計算してみましょう。

$$\chi^2 = \sum_{i=1}^{2}\sum_{j=1}^{2} \frac{(n_{ij} - e_{ij})^2}{e_{ij}}$$

$$= \frac{(n_{11} - e_{11})^2}{e_{11}} + \frac{(n_{12} - e_{12})^2}{e_{12}} + \frac{(n_{21} - e_{21})^2}{e_{21}} + \frac{(n_{22} - e_{22})^2}{e_{22}}$$

$$= \frac{(130 - 99)^2}{99} + \frac{(50 - 81)^2}{81} + \frac{(90 - 121)^2}{121} + \frac{(130 - 99)^2}{99}$$

$$= 9.70 + 11.86 + 7.94 + 9.70 = 39.2$$

$\chi^2 = 39.2$という値が得られました。この値はどの程度の関連なのでしょうか。仮に2つの変数に全く関連がないデータ、すなわち、期待度数と一致するデータが得られた場合には、上の式のすべての項の分子が

表 4－4　出身地と好きな麺類のクロス集計表

	うどん	そば	計
関西	$n_{11}=130$ $e_{11}=\frac{180\times220}{400}=99$	$n_{12}=50$ $e_{12}=\frac{180\times180}{400}=81$	180
関東	$n_{21}=90$ $e_{21}=\frac{220\times220}{400}=121$	$n_{22}=130$ $e_{22}=\frac{220\times180}{400}=99$	220
計	220	180	400

0 になり、$\chi^2=0$ となります。このことから、今回得られたデータにおいて、2 変数は無関連ではないことが分かります。

χ^2 値が関連の程度を直接的に反映する指標であれば、得られた値から関連性の強さを判断できるのですが、χ^2 値の大きさは関連の程度のみを反映した指標ではありません。たとえば、データをさらに大規模に取得し、4000 名からデータを得たとします。そしてそのデータでは、関西出身でうどんが好きと回答した人が 1300 名、関西出身でそばが好きと回答した人が 500 名、関東出身でうどんが好きと回答した人が 900 名、関東出身でそばが好きと回答した人が 1300 名だったとします。すなわち、すべてのセルが 10 倍となったデータが得られたとします。関西出身者の「うどんが好き・そばが好き」の割合も関東出身者の「うどんが好き・そばが好き」の割合も、この 4000 名のデータとこれまでの例での 400 名のデータでは同じ値ですから、関連の程度も同じはずです。しかし、4000 名のデータで χ^2 値を同様に計算すると、$\chi^2=392$ と 400 名のデータの 10 倍の大きさの値になります。

4.3.2.2　クラメールの連関係数

χ^2 値は関連の程度のみを反映した指標ではありません。そこで、χ^2 値をクロス集計表のサイズと総度数によって調整した指標として、**クラメールの連関係数（Cramér's V；*V*）**があります。クラメールの連関係数は、

$$V=\sqrt{\frac{\chi^2}{(min(a,\ b)-1)\times n}}$$

と定義されます。$min(a,\ b)$ とは 2 つの変数が持つカテゴリ数の内、小さい方の値になります。たとえば、5 × 3 のクロス表の場合は、$min(a,\ b)=3$ です。

先のデータで、クラメールの連関係数を計算してみましょう。出身地変数のカテゴリ数は 2、好きな麺類変数のカテゴリ数も 2 ですから、$min(a,\ b)=2$ となります。χ^2 値は先に求めたように 39.2、総度数 n は 400 ですから、

$$V=\sqrt{\frac{39.2}{(2-1)\times 400}}=0.31$$

と求まります。

クラメールの連関係数は、0 から 1 の範囲を取ります。関連がない状態のときに 0、完全な関連があるときに 1 を取るため、関連性の程度として解釈しやすい指標です。今回のデータにおいては、出身地と好きな麺類とには多少の関連があったと言えそうです。なお、単にデータを 10 倍にした 4000 名のデータでも、$V=0.31$ となりますので、各自で確かめてみましょう。

表 4 - 5 には、関西出身者が 180 名、関東出身者が 220 名いた場合の、

出身地と好きな麺類に関連がない状態と完全な関連がある状態を示しました。(a) の状態では、すべてのセルにおいて観測度数と期待度数が一致しているので χ^2 は0となり、クラメールの連関係数も0となります。(b) の状態では、関西出身者の全員がうどんを好み、関東出身者の全員がそばを好むという非常に極端な状態となっています。この場合、χ^2 は400となり、クラメールの連関係数は1となります。

表4-5　出身地と好きな麺類に関連がない状態 (a) と完全な関連がある状態 (b)

(a)

	うどん	そば	計
関西	$n_{11}=90$ $e_{11}=90$	$n_{12}=90$ $e_{12}=90$	180
関東	$n_{21}=110$ $e_{21}=110$	$n_{22}=110$ $e_{22}=110$	220
計	200	200	400

(b)

	うどん	そば	計
関西	$n_{11}=180$ $e_{11}=81$	$n_{12}=0$ $e_{12}=99$	180
関東	$n_{21}=0$ $e_{21}=99$	$n_{22}=220$ $e_{22}=121$	220
計	180	220	400

学習課題

1．２変数 x、y について、以下のデータが得られました。このデータについて、共分散と相関係数を算出してみましょう。

x	y
4.2	7.0
2.9	6.2
5.0	6.6
4.9	5.8
3.0	4.4

2．表４-５の（a）と（b）のデータについて、χ^2 値とクラメールの連関係数をそれぞれ算出してみましょう。

引用文献

• 南風原朝和（2002）『心理統計学の基礎―統合的理解のために―』有斐閣

5　直線回帰

平川　真

《目標＆ポイント》　本章では、2変数の関係における $x \to y$ といった一方向的な関係を記述する方法として、データに1次関数を当てはめる方法、すなわち、回帰分析を学びます。ただし、回帰分析によって表される $x \to y$ の関係は「必ずしも因果関係とは言えない」ということがポイントです。第6章では、因果関係を理解する方法を学びますが、その際に本章で解説する「ある変数からある変数の影響を取り除いた部分」に注目することが重要となります。

《キーワード》　回帰分析、回帰直線、決定係数、残差

5.1　直線回帰の目的

2つの量的変数の関係について第4章では、ピアソンの積率相関係数によって数値で表現することを学びました。相関係数が正であれば「一方の変数が大きい場合に、もう一方の変数が大きい」関係にあると判断でき、負であれば「一方の変数が大きい場合に、もう一方の変数が小さい」関係にあると判断できます。このように、相関係数では2つの量的変数（x と y）の相互の直線的な関係の強さを把握することができます。しかし、具体的にどのような直線関係があるのかは分かりません。

具体例として、6月から10月の気温とアイスクリームの販売個数を例に考えてみましょう。数年間、アイスクリーム屋さんを経営して、気温とアイスクリームの販売個数についてのデータが得られているとしま

す（あくまで架空の例です）。このデータから相関係数を算出したところ、$r=0.41$ という正の相関係数が得られました。このことから「気温が高いとアイスクリームの販売個数が多い」という関係があることを理解することができます。しかし、2つの変数が具体的にどのような直線関係にあるのかが分からなければ、「気温が1℃高くなるとアイスクリームの販売個数が何個増えるのか」というようなことは分かりません。

2つの量的変数（x と y）の一方向的な関係を記述する方法として、データに1次関数を当てはめる方法があります。ここで1次関数による当てはめを考えるのは、関数の形が理解しやすいことが大きな理由です。

1次関数は、

$$y=a+bx$$

の式で表せ、たとえば $a=5$、$b=2$ として、$y=5+2x$ をグラフにすると図5-1のような直線関係が描けます。x と y に、$y=a+bx$ の関係があるということは、y の値は x の値によって決まるということです。a は x が0のときの y の値を表し、b は x が1変化したときの y の変化量を

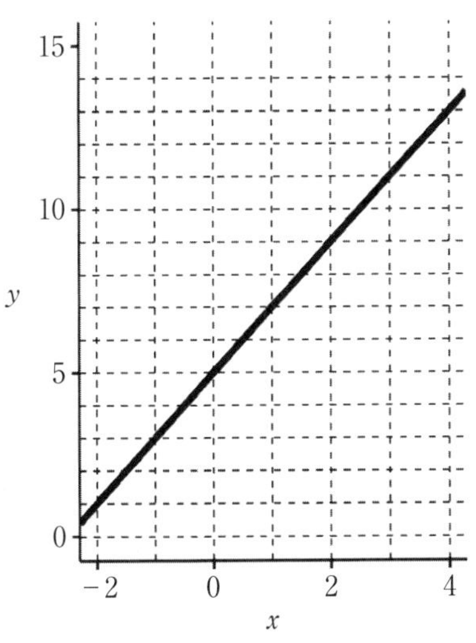

図5-1　$y=5+2x$ のグラフ

表します。

データに1次関数を当てはめることができれば、xによってyが決定される具体的な直線関係を把握することができます。それにより「xの値が分かればyの値が分かる」という意味で、xの値からyの値を「予測」することができます[1)]。データが1次関数上に完全に乗っている場合には、xの値が分かればyの値を完全に予測することができます。ただし、現実のデータでは、2つの変数が完全な直線関係にあることは滅多にありません。たとえば、気温は同じ32℃の日でも、アイスクリームの販売個数が200個の日もあれば、210個の日もあるでしょう。このように、同じxの値でもyの値が異なることが現実には普通です。そこで、xの値が分かった場合の「だいたいのyの値」を予測することを目指します。具体例では、気温が32℃のときに、「平均的に何個ぐらいのアイスクリームが売れるか」ということを把握することを考えます。このxの値が分かった場合のyの平均的な値のことを、**予測値**（fitted value; $\tilde{y}$、ワイチルダと読みます）といいます。予測値とxとの対応関係に対して、

$$\tilde{y} = a + bx$$

と表記することで、bの値はxが変化したときのyの予測値の変化量を意味することになります。

$\tilde{y} = a + bx$で表される直線を**回帰直線**（regression line）といいます。データに回帰直線を当てはめることで、xとyの予測値の関係について、具体的な直線関係を把握することができます。このような分析を**回帰分析**（regression analysis）といいます。aを**切片**（intercept）といい、b

---

1）ここでの「予測」には、いわゆる日常用語での予測という用語からイメージされるような、「将来のデータの予測」という意味はありません。

ただし、本章で扱う範囲を超えますが、推測統計の文脈での回帰分析では、回帰直線を利用して「将来のデータの予測」をすることを目的としています。本章で解説している記述統計としての回帰分析では、「得られたデータにどのような直線関係があるのか」を把握することを目的としています。

を**回帰係数**（regression coefficient）といいます。切片は、xが0のときのyの予測値を意味し、回帰係数はxが1増えることによる、yの予測値の増加分（あるいは減少分）を意味します。

また、予測に用いる変数（すなわちx）のことを**予測変数**（predictor variable）あるいは**説明変数**（explanatory variable）と呼び、予測される変数（すなわちy）を**基準変数**（criterion variable）あるいは**目的変数**（object variable）と呼びます。回帰分析によって、xの一次式でyが決まる関係を把握することで、先に述べたように、xの値が分かったときにyの値を予測することができます。また、xの一次式でyが決まる関係は、xによってyを表現することができるという意味で、xによってyを説明していると理解することもできます。

回帰分析をどのような目的で利用するかによって、語感の良い用語は異なりますが、その変数が予測あるいは説明をするために使う変数（すなわちx）なのか、予測あるいは説明される側の変数（すなわちy）なのかを意識して用語を覚えておくとよいでしょう。以下では、予測に用いる変数を説明変数、予測される変数を目的変数と表記して解説します[2)]。

5.2　データへの回帰直線の当てはめ

データに回帰直線を当てはめることによって、「一方の変数が増加すると、もう一方の変数の予測値がどの程度増加（あるいは減少）するのか」ということを把握できます。では、どのようにして、データに回帰直線を当てはめればよいでしょうか。

図5-2のa図とb図ではどちらの回帰直線がデータに当てはまって

2）第1章では、推測統計学を用いることによって、知りたい対象についての測定（観測）、将来の予測、因果関係の推測、現象の説明、という大きく分けて4つの目的が達成できることを学びました。心理学においては回帰分析が現象の説明のために利用されることが多いです。回帰分析においては、xによってyを構成する式をデータに当てはめて、その当てはまりがよければ、興味のある変数yを他の変数xで説明できたと考えるということです。

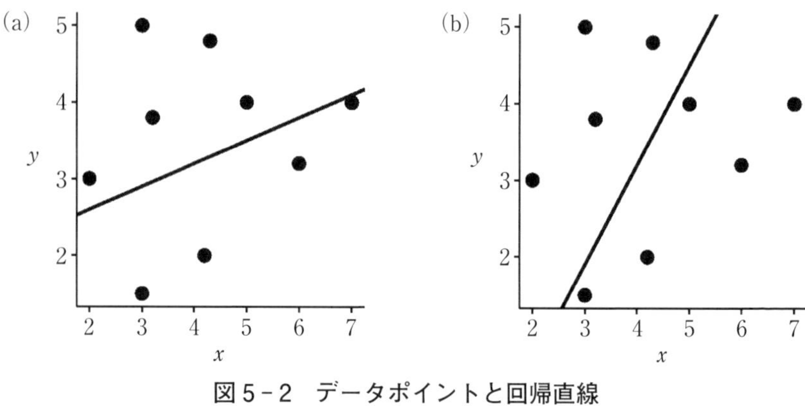

図５－２　データポイントと回帰直線

いると言えそうでしょうか。判断に困るのではないでしょうか。散布図が視覚的に右上がりのときに、右下がりの直線を当てはめることがおかしいことは直観的に分かりますが、図５－２のような場合には、直観的に判断することは困難です。そこで、回帰直線の当てはまりの悪さを何らかの基準で決めて、その基準を最小にする回帰直線を求めるということを考えます。以下では、当てはまりのよい回帰直線を求める方法の１つとして、最小２乗法を説明します。

先に述べましたが、現実のデータでは、２つの変数が完全な直線関係にあることは滅多にありません。すなわち、ある回帰直線によって x の値から y の値を予測した場合に、その予測値と実際のデータの y の値が一致しないことが多いということです。そこで、データの値と予測値のずれを利用し、データに当てはまっている回帰直線とは、すべてのデータと回帰直線のずれが全体的に最も小さくなる回帰直線であると考えます。そうすると「ずれの小ささ」という基準で、適切な回帰直線を決めることができそうです。

あるデータと回帰直線のずれを**残差**（residual）といい、e_i と表記します。残差 e_i は、あるデータの y の値 y_i とそのデータの x の値 x_i から予測される y の値 $\tilde{y}_i$ との差であり、以下の式で定義されます。

$$e_i = y_i - \tilde{y}_i$$

残差を視覚的に確認しましょう。図5-3に、データと回帰直線を示しています。あるデータ（y_i）は、回帰直線上にはのっていません。このデータの y の値と回帰直線との距離が残差 e_i となります。データが回帰直線上にある場合には、残差は0となります。

この残差に着目し、すべてのデータと回帰直線の全体的なずれを、

$$Q = \sum_{i=1}^{n} e_i^2$$

で定義します。Q は2乗した残差の合計を意味しています。残差の定義（$e_i = y_i - \tilde{y}_i$）と y の予測値の定義（$\tilde{y}_i = a + bx_i$）から、この式は、

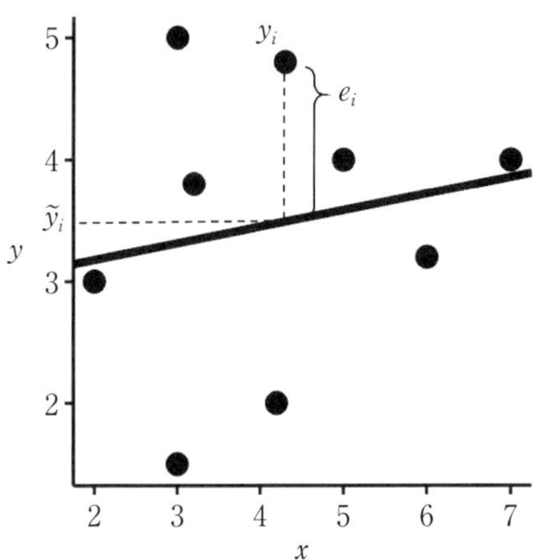

図5-3　データ（y_i）と予測値（$\tilde{y}_i$）と残差（e_i）

$$
\begin{aligned}
Q &= \sum_{i=1}^{n} e_i^2 \\
&= \sum_{i=1}^{n} (y_i - \tilde{y}_i)^2 \\
&= \sum_{i=1}^{n} [y_i - (a + bx_i)]^2
\end{aligned}
$$

として表すことができます。この Q を最小にする a と b の組を求めれば、データに当てはまりのよい回帰直線が求まります。これを最小２乗法といいます。Q を最小にする a と b の組を求める具体的な方法については、小杉（2018; pp. 104-112）を参照してください。

5.3　回帰分析の実施と解釈

5.3.1　回帰直線の求め方

最小２乗法によって、データに当てはまる回帰直線（$\tilde{y} = a + bx$）を求めることができることを説明しました。実際のデータ分析において a と b の具体的な値を求める際には、統計ソフトを利用しますが、実は、説明変数が１つの場合においては、回帰係数（b）と切片（a）は、これまで学習してきた平均、分散、そして共分散を用いて、以下の式で求めることができます。

$$
b = \frac{s_{xy}}{s_x^2} = r_{xy}\frac{s_y}{s_x}
$$

$$
a = \bar{y} - b\bar{x}
$$

具体的なデータで値を求めてみましょう。表５－１は、気温とアイスクリームの販売個数の架空データの一部です。気温を予測変数 x、アイスクリームの販売個数を目的変数 y として、気温が１℃上がる場合に、

表５-１　気温とアイスクリームの販売個数のデータ（架空データ）

	気温	アイスクリームの販売個数
1	36.4	330
2	31.4	294
3	31.7	296
4	37.2	297
5	31.6	272
⋮	⋮	⋮
46	33.4	297
47	30.5	315
48	39.8	309
49	33.5	278
50	34.1	302
平均	33.3	296.7
分散	8.1	327.6
標準偏差	2.9	18.1

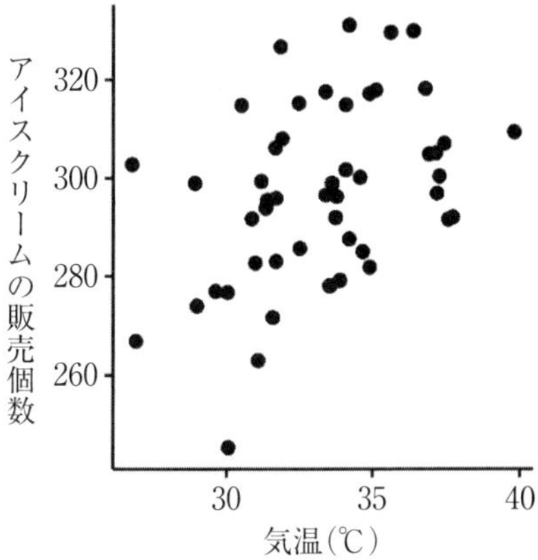

図５-４　気温とアイスクリームの販売個数の散布図

アイスクリームの平均的な販売個数がどの程度増加する関係にあるのかを把握します。気温とアイスクリームの販売個数の相関は $r_{xy}=0.41$ でした。各変数の平均、分散、標準偏差については表５-１に記載しています。

これらの値から、回帰係数は、

$$b=0.41\times\frac{18.1}{2.9}\fallingdotseq 2.56$$

と求まり、切片は、

$$a=296.7-2.56\times 33.3\fallingdotseq 211.46$$

と求まります。したがって、回帰直線は $\tilde{y}=211.46+2.56x$ となります。

図5-5は、気温とアイスクリームの販売個数の散布図に、求めた回帰直線を加えたものです。データの真ん中あたりを回帰直線が通っており、直観的にデータにうまく当てはまる直線となっているのではないでしょうか。

もちろん、個別のデータを見ると、回帰直線から離れているデータもあります。そのため、図5-5の回帰直線は「データに当てはまっていないのではないか」と思うかもしれません。データに対して $\tilde{y}=a+bx$ という直線を当てはめる際に、最小2乗法によって、もっとも当てはまりのよい a、b の組を求めることができますが、そもそも、そのデータに対して $\tilde{y}=a+bx$ という直線を当てはめること自体があまり適切でなければ、最小2乗法で求めた回帰直線は、データに当てはまっていないように見えます。この点については、5.3.3「回帰直線の当てはまりのよさの評価」で解説をします。

5.3.2　回帰直線の解釈

回帰係数は、説明変数が1増加したときの、目的変数の予測値の増加分（あるいは減少分）を意味しますから、今回のデータから得られた2.56という値から、気温が1℃高いときに、アイスクリームの平均的な販売

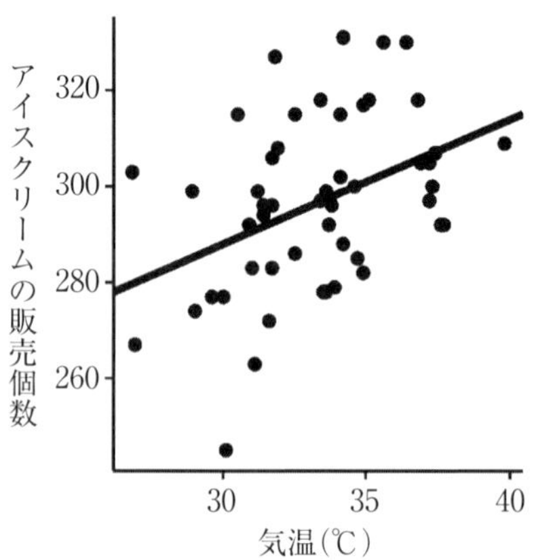

図5-5　気温とアイスクリームの販売個数の散布図と回帰直線

個数は、約 3 個増加する関係があるということです。回帰係数は、同じデータであっても x や y の測定単位によって変化します。たとえば、アイスクリームの販売個数が 10 個単位で測定されていたとしたら、そのようなデータで回帰分析を行った場合には、回帰係数は 1/10 の 0.256 となります。回帰係数を解釈する際には、その値がどのような単位においての変化量なのかを確認して、解釈を行いましょう。

切片は 211.46 という値です。切片は説明変数が 0 のときの y の予測値ですから、気温が 0℃のときのアイスクリームの平均的な販売個数が 211 個ということです。ただし、今回のデータにおいて、切片を積極的に解釈することには慎重にならなければなりません。今回得たデータにおいて、気温は 26℃から 40℃の範囲に収まっており、0℃のときのアイスクリームの販売個数は得られていません。回帰直線は今回得られたデータによく当てはまるように求めました。確かに、回帰直線が求まれば、データが得られていない部分についての予測値を求めることは、計算上は可能です。しかし、今回得られた回帰直線が、「得られたデータから外れた範囲においても成立する」と考えることが妥当であると判断できない場合には、得られたデータの範囲からあまりに外れた部分における y の予測値について解釈することは、避ける方が無難でしょう。極端な例をだせば、気温が 100℃のときのアイスクリームの販売個数の予測値を今回の回帰直線から 467 個と求めることもできますが、その値が意味のある数値だとは思えないでしょう。

5.3.3　回帰直線の当てはまりのよさの評価

最小 2 乗法によって、気温からアイスクリームの販売個数を予測（あるいは説明）する場合に、そのデータに対して当てはまりのよい回帰直線を求めることができました。そもそも、「気温という変数によって」

アイスクリームの販売個数を予測すること（あるいは説明すること）がどの程度の精度なのかということも気になります。ある回帰直線によって一方の変数の値からもう一方の変数の値を予測（あるいは説明）した際に、その予測（あるいは説明）が全体的にどの程度うまくいっているのかを数値で評価できると便利です。

予測値とデータのずれを残差 e というのでした。最小 2 乗法では、残差の 2 乗の合計値（以下、残差 2 乗和）が最小になるように回帰直線を求めました。この残差 2 乗和の大きさを評価することで、全体的なデータと回帰直線の当てはまりについて評価することができます。すなわち、残差 2 乗和が大きいほど、回帰直線の当てはまりが悪いと判断できるのです。

図 5 - 6 の a 図は、回帰直線がデータに完全に当てはまっている場合を示しています。このとき、すべてのデータにおいて残差は 0 ですから、残差 2 乗和も 0 となります。一方で、図 5 - 6 の b 図は、回帰直線が当てはまっていない状態を示しています。回帰直線は $\tilde{y}=300+0x$ で、x によって y の予測値が変化せず、常に 300 となります。x についての情報が手元にあっても、それによって y の予測値は変わらず、常に同じ値で y の値を予測することになります。実は、この 300 という値は y の

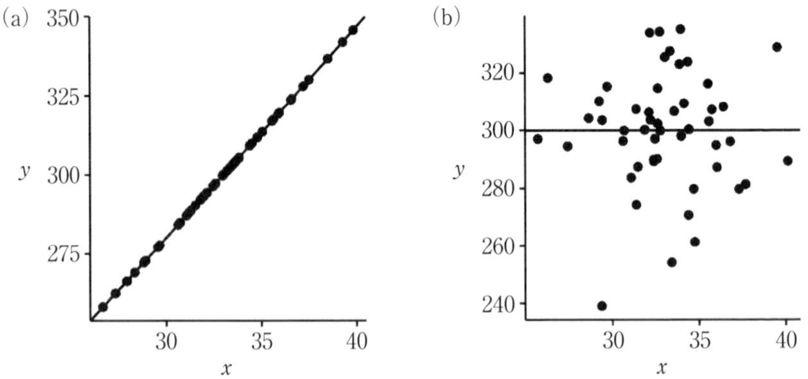

図 5 - 6　回帰直線が当てはまっている場合と当てはまっていない場合

平均値です。第3章のコラム（p.44）にあるように、平均値はデータからの偏差の2乗の合計を最小にする値です。一方の変数からもう一方の変数を全く予測できないのであれば、予測される変数の平均値でデータの値を予測することが、残差2乗和を最小にすることになります[3)]。

以上のことから、残差2乗和は、回帰直線が完全に当てはまっている場合に0となり、回帰直線が全く当てはまっていない場合に目的変数の偏差2乗和となることが分かります。そこで、残差2乗和を目的変数の偏差2乗和で割ることで、当てはまりの悪さの指標を構成することができます。そして、この指標を1から引くことで、当てはまりのよさの指標を構成することができます。この指標を決定係数 R^2 といい、

$$R^2 = 1 - \frac{ss_e}{ss_y}$$

で、表されます。ss_e は残差2乗和であり、ss_y は目的変数の偏差2乗和です。回帰直線が完全に当てはまっている場合には、$ss_e = 0$ ですから $R^2 = 1$ となり、回帰直線が全く当てはまっていない場合には、$ss_e = ss_y$ ですから、$R^2 = 0$ となります。なお、例の気温とアイスクリームの販売個数の架空データで決定係数を求めると、$R^2 = 0.168$ となります。

ここで「決定」という言葉は、「x を含む一次式で y が決まる」という意味です。決定係数は x によって y が決定される程度を示しており、決定係数が1であれば、x によって y が完全に決まるということです（図5-6のa図の状態）。決定される程度が高いという状態は、x の値によって y を予測した場合の精度が高い状態と解釈することができます。また、x によって y を説明できている程度が高い状態と解釈することもできます[4)]。このように決定係数は、予測の精度を示す指標としても、説明が

3）この場合の残差2乗和 $\sum_{i=1}^{n}(y_i - \hat{y}_i)^2$ は、y の予測値が y の平均値 $\bar{y}$ ですから、$\sum_{i=1}^{n}(y_i - \bar{y})^2$ と表すことができ、偏差2乗和の形となります。偏差2乗和は偏差平方和ともよばれます（p.206, 209）。

4）決定係数は、目的変数の分散の何％が説明変数と完全に相関する部分かという観点から解釈することができるため、分散説明率とも呼ばれます。

うまくいっている程度を示す指標としても解釈できる指標です。

決定係数は0から1の範囲をとり、1に近づくほど、データと回帰直線の当てはまりが良いことになります。とる値の範囲が決まっていますので、異なるデータ間で当てはまりのよさの比較が容易という利点があります。なお、どの程度の決定係数があれば当てはまりがよいと判断できるのかということについては、分析者の目的や関心に依存します。

5.4　回帰分析による目的変数の分解

前節までで、ある変数の値によってもう1つの変数の値が決まるといったような、1方向的な関係を想定している場合の2変数の関係を表現する方法を学びました。解釈が容易な1次関数をデータに当てはめて、説明変数と目的変数の関係や回帰直線の当てはまりのよさを評価しました。2変数間の一方向的な関係を理解するという目的は、前節までの内容で達成できました。

回帰分析によって、2変数間の一方向的な関係を表現することができました。しかし、ここで示している関係が、すなわち因果関係では「ない」ということに注意してください。一方の変数からもう一方の変数への関係があることは、因果関係があると主張するために重要となりますが、一方向的な関係があるからといって、「ただちにそれが因果関係であるとは主張できない」ということです。因果関係も回帰直線が示している関係も $x \to y$ という、ある変数からある変数への一方向的な関係について言及していることや、回帰分析の結果を「予測」「説明」「決定」という用語を使って解釈することから、回帰分析が示す一方向的な関係から因果関係が連想されることが少なくありません。因果関係を主張するために必要な具体的な条件については、第6章で学びますので、ここでは「回帰分析をすれば因果関係が分かるというわけではない」ということを頭にとどめておきましょう。

この節では、回帰分析によって、目的変数を、説明変数と完全に相関する部分と説明変数と無関係な部分に分解するということを解説します。このことは、第6章で因果関係を知るための方法を理解する際に、非常に重要となります。

5.4.1　説明変数と残差の相関

説明変数 x と最小2乗法によって求めた回帰直線における残差 e の間の相関は0であることが知られています[5)]。図5－7（a）は、説明変数 x と目的変数 y の散布図であり、$r_{xy}=0.70$ の相関があります。図5－7(b)は、説明変数 x から目的変数 y に回帰分析を行い、説明変数 x と残差 e の散布図を示しています。散布図から、b図では関連が弱いことが見てとれます。実際に相関係数を算出すると、$r_{xe}=0.00$ となり、説明変数 x と残差 e は無相関であることが分かります。

残差の定義式を移項すると、

$$y_i=\tilde{y}_i+e_i$$

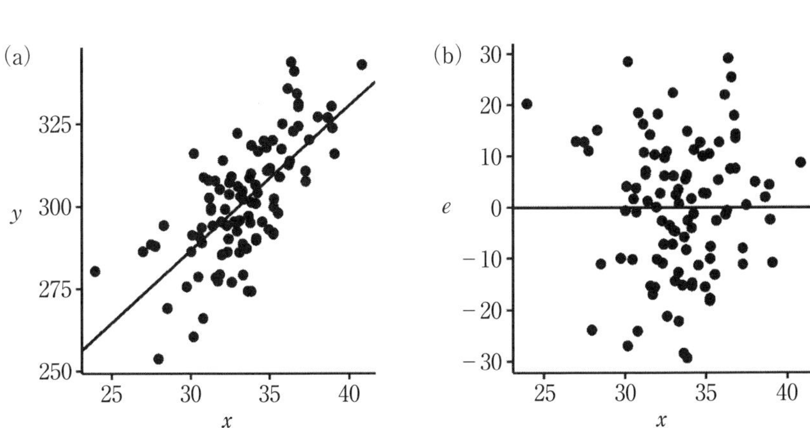

図5－7　説明変数と目的変数の散布図(a)および説明変数と残差の散布図(b)

5）証明は、小杉（2018; pp. 129-130）を参照してください。

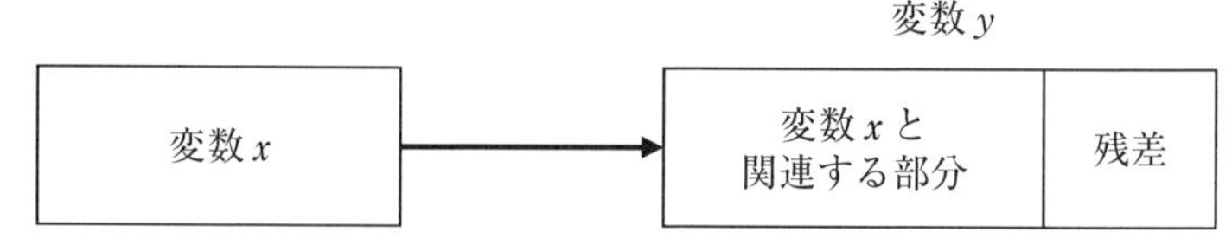

図 5－8　変数 y を変数 x と関連する部分と関連しない部分に分解する

が得られます。今確認したように残差 e は説明変数 x と無相関です。そして、$\tilde{y}=a+bx$ であり、$\tilde{y}$ は説明変数を線形変換して得られるため、$\tilde{y}$ は説明変数 x と完全に相関します。このことから上の式は、目的変数 y を、説明変数と完全に相関する部分 $\tilde{y}$ と説明変数と完全に相関しない部分 e に分解していると理解することができます（図 5－8）[6)]。

5.4.2　残差への積極的な注目

残差を単なる誤差としてではなく、目的変数のなかで説明変数と無関係な部分として理解すると、残差自体や残差と他の変数との関連が興味関心の対象となるケースがあります。具体的な例として、南風原（2002; p. 60）で紹介されている、小学生集団で身長から体重を予測する例を取り上げます。

成長の過程で、身長と体重はある程度相関します。ここで、身長によって体重を予測した際の残差は、体重のうち身長とは関連しない部分を表します。残差は、データと予測値のずれですから、ある人の残差が正の値をとる場合には、その人の身長から予測される体重よりもその人の体重が重いことを示します。同様に、ある人の残差が負の値をとる場合には、その人の身長から予測される体重よりもその人の体重が軽いことを示します。この例における残差は、「身長から予測される体重より重いか軽いか」の指標となっており、「体重そのもの」とは全く異なる変数として解釈できます。このように、回帰分析によってある変数の情報を、

6）これについてベクトル表現を用いた説明が、南風原（2002; pp. 191-205）にあります。

他の変数の情報を利用して分解することで、意味の異なる変数を得ることができます。

残差と他の変数の関係を検討することに意味がある例として、第4章で取り上げた体重と50m走のタイムの関係を考えましょう。直観的には体重が重いほど50m走のタイムが長くなる関係があるように思えます。そこでたとえば、小学校1年生から6年生を対象に、体重と50 m走のタイムの相関を検討したとします。一般的に小学校1年生よりも6年生のほうが、体重が重く、50 m走のタイムが短いので、このような検討方法では、体重と50m走には負の相関関係が確認されるかもしれません。

ここで「体重が重いほど50 m走のタイムが長くなるのではないか」という直観に立ち返ると、実はこの直観は「体重そのもの」というよりも、「肥満度」によって成立していると考えることができるかもしれません。生徒の身長から体重を予測した際の残差は、「身長から予測される体重より重いか軽いか」ですから、体重そのものよりも肥満度に近い内容を示す指標になっていると考えられます。このような場合には、単純に体重と50m走のタイムの相関係数を求めるよりも、身長から体重を予測した際の残差と50m走のタイムの相関係数を求めることによって、検討したい関係をより直接的に検討できるかもしれません。

ある変数からある変数を予測するという目的からは、残差は単なる誤差にすぎません。しかし残差は、「ある変数から別のある変数と相関する部分を取り除いた部分」として理解することもできるのです。続く第6章では、心理学において因果関係を理解する方法を学びますが、本章で学んだ「ある変数から別のある変数と相関する部分を取り除いた部分」に注目することが重要となってきます。

学習課題

1．2変数 x、y について、第4章の **学習課題** 1のデータが得られました。このデータについて、平均、分散、そして共分散を用いて、回帰直線の切片（a）と傾き（b）を求めてみましょう。

2．体重と50 m走のタイムの相関のように、残差に注目することが興味深いケースについて考えてみましょう。

引用文献

- 南風原朝和（2002）『心理統計学の基礎―統合的理解のために―』有斐閣
- 小杉考司（2018）『言葉と数式で理解する多変量解析入門』北大路書房

6 偏相関係数と因果効果

清水　裕士

《目標＆ポイント》 本章では、心理学実験で因果関係を知る方法について解説します。因果関係を知るにはどうすればいいか、具体的にどのようにデータを取得すればいいのかについて理解することを目指します。
《キーワード》 因果推論、擬似相関、交絡、共変量、偏相関係数、統制群と実験群、無作為割り当て、平均因果効果

心理学に限らず、科学的法則性を知るとは、何が原因でその結果が生じたのか、つまり因果関係を明らかにすることにあるといっても過言ではありません。第4章では変数間の関係性を表す統計量について勉強しました。これらの統計量は、共変関係を表す指標ですが、実はそれだけでは因果関係があるかどうかを知るには十分ではありません。因果関係を正確に知るには、統計量だけではなくてデータの取り方などにも工夫が必要になります。

6.1 因果関係とは

因果関係とは何でしょうか。一般的な定義としては、字が表すように、何かが原因となって結果が生じることを意味します。たとえば、スイッチを押すと明かりがつく、という場合は、スイッチが原因で明かりがつくのが結果です。物理学などの自然科学では、物理現象を理解するとき、何が原因でそれが生じたのかを考えます。力を加えると物が動く、持ち

上げたものを離すと落ちる、という現象を見るとき、そこには原因と結果という関係が見出せます。そして、それは心理学でも同様です。人々の行動の原因は一体何なのか？それを知るためにも因果関係の理解が不可欠です。心理学では多くの場合、刺激や介入が原因となって、行動や症状、発達という結果が生まれると考えます。

本節では、因果関係を統計的に調べる方法について解説します。

6.1.1　因果関係を統計学で知るための表現方法

統計学で因果関係を知るためには、どうすればいいでしょうか。まず因果関係で登場する原因と結果を、変数によって説明します。因果関係を考えるためには少なくとも2つの変数が必要です。仮に変数 X と Y という2つの変数があるとすると、変数 X が原因となって、変数 Y が変化するという場合、変数 X と変数 Y には因果関係があるといいます。たとえば「パズルゲームをプレイすると、それが原因となって子どもの知能が高くなる」という因果関係についての仮説を考えたとしましょう。因果関係を考えるとき、パズルゲームのプレイ頻度が変数 X、知能が変数 Y となります。対象者は子どもです。

因果関係を変数によって表現することの意味は、因果関係が測定された構成概念によって検証可能とすることです。すなわち、因果関係を第4章で勉強したように2変数間の統計量によって表現することがここでの目的となります。今回の例だと、パズルゲームをする、しない（あるいはする時間）という変数と、子どもの知能をそれぞれ測定して、統計量を計算すればいいことになります。

次に、このような因果関係を図で表してみましょう。たとえば図6-1のようになります。まず変数 X を左側、変数 Y を右側に置きます。続いて、矢印を X から Y に向かって伸ばします。これによって、X か

図6-1　変数 X と変数 Y の因果関係の表現

ら Y に因果関係がある、つまり X が原因で Y が結果であることを意味しています。

ここまで準備ができたら、次に因果関係の条件について理解する必要があります。

6.1.2　因果関係を調べるための条件

因果関係を調べる条件とは何でしょうか。まず思いつくのは、たとえばパズルゲームをよくする子どもとそうでない子どもを比較して、知能の程度に差があることを確認する、あるいはこの2つの変数に相関があることを調べれば、直感的には因果関係があるかどうかが分かりそうです。しかし、実際にはこれだけでは因果関係は分からないことが多いです。因果関係を調べるためには、まず、どういう条件を満たせばいいのかについて理解する必要があります。

因果関係の有無を調べる条件として、ジョン・スチュアート・ミルは3つ挙げました。原因変数 X と結果変数 Y の因果関係を調べるためには、

1. 原因 X が結果 Y よりも時間的に先行していること
2. 原因 X と結果 Y に共変関係があること
3. 他の因果的説明が排除されていること

という3つがクリアされている必要があるとされます。これを要約すると、時間的先行する変数 X が、他の変数からの影響を排除したうえで、

変数 Y に関連があること、が示せれば因果関係があるといえます。

まず、1. の時間的先行性について説明します。原因変数である変数 X は、結果変数である変数 Y よりも時間的に先行したものである必要があります。たとえば、パズルゲームをした時間と知能を同時に測定とします。そして、ゲームをした時間と知能に相関が見られたとしましょう。しかしそれだけでは、知能が高い子どもがパズルゲームを好んでいたのか、パズルゲームをしたことが知能を高めたのか、判断ができません。調査データなどは多くの変数を同時に測定するため、この時間的先行性についての前提が満たされないことが多く、因果関係を明確にするのが難しいことがあります。因果関係を調べるためには、原因となる変数を先に測定しておくことがとても重要になります。

続いて、因果関係を知るためには、原因変数の変化と、結果変数の変化に関連がある必要があります。ここでいう関連とは、たとえば第 4 章で勉強した相関係数、あるいは第 5 章で勉強した回帰係数などがそれにあたります。因果関係を統計的に調べるためには、これらの指標についての理解が不可欠です。しかし、時間的先行性が満たされ、変数間の関連性があったからといって、それだけで因果関係があると主張できるわけではありません。それは、3 つめの条件が満たされていないからです。

最後の条件は、他の因果的説明が排除されていること、でした。実はこの 3 つめの条件を満たすのがとても難しいのです。まず、変数 X と変数 Y 以外の変数によって、因果的説明がされてしまう場合を説明します。いま、変数 Z が変数 X と変数 Y に因果関係を持っているとします。つまり変数 Z が変化したら、それが原因となって変数 X と Y が変化するのです。図で表すと、図 6-2 のようになります。

もし変数 X と変数 Y に因果関係がなくとも、変数 Z という共通した原因がある場合、変数 X と変数 Y には見かけ上、関連が見られるこ

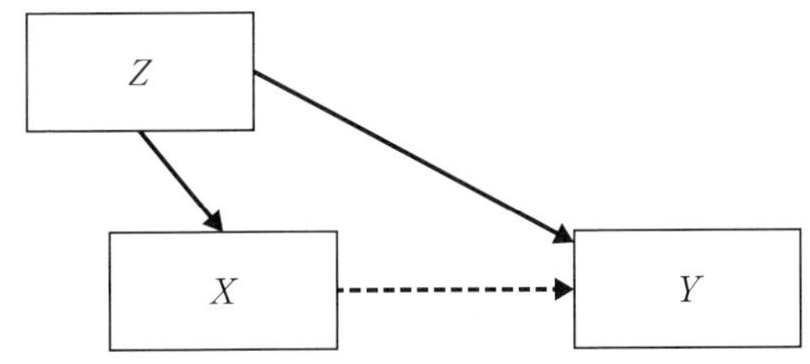

図 6－2　原因 X 以外の共通する原因 Z がある場合

とがあります。もし変数 Z の影響を見逃すと、変数 X が時間的に先行していた場合、変数 X が変数 Y に因果的な影響を与えているように見えてしまいます。このように、変数 Y への影響が、変数 X によるものか、変数 Z によるものかが分からないとき、変数 X と変数 Z が**交絡**（confounding）しているといいます。また、変数 X と変数 Y に共通する原因となる変数のことを、**交絡変数**、または**共変量**（covariate）と呼びます。

3 つめの条件は、図 6－2 の変数 Z からの因果関係の可能性が排除されていて、かつ、変数 X と変数 Y に関連があることを示さないといけない、と述べているのです。次節では、変数 Z の影響を排除したときの変数 X と変数 Y の関連を調べる方法を解説します。

6.2　擬似相関と偏相関係数

第 4 章では、クロス表や散布図、そして連関係数や相関係数などの変数間の関連性を表す統計量を学習しました。本節では、相関関係が見られても、それが因果関係ではない可能性があることを解説します。また共変量と呼ばれる第三の変数の存在によって、相関係数の値が変化しうることも学びます。

6.2.1 層別の相関係数

相関係数は2変数間の線形の関係性を表す指標でした。変数 X が高くなると、変数 Y も高くなる程度を数値として表します。しかし、一見相関があるようでも、グループごとに見ると相関がない、という場合があります。

たとえば、小学生のパズルゲームをする時間の長さと知能の関係について散布図が図6-3のように得られたとします。相関係数は r=.72 でした。このとき、ゲームをすればするほど頭が良くなる、と解釈していいでしょうか。

たとえば、このデータが小学生の低学年、中学年、高学年にわけて散布図を描くと図6-4のようになったとします。それぞれの学年でみるとゲームをする時間と知能は低学年で r=.10、中学年で r=−.10、高学年で r=−.31 でした。つまり、学年ごとに見ると相関がないどころか、負の相関も得られてしまいます。このような現象は、学年が高くなるにつれてパズルゲームをする時間と知能が両方とも高くなっていることによって生じているのです。その結果、すべてのデータを合わせてみると、

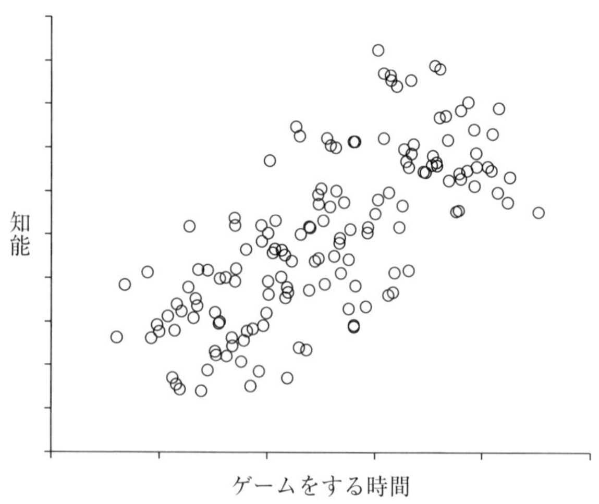

図6-3 知能とゲームをする時間についての散布図

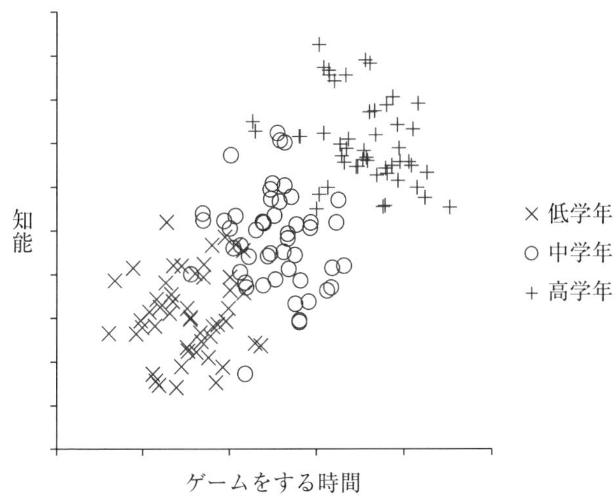

図6-4　学年ごとのゲームをする時間と知能の関係

パズルゲームをする時間と知能に相関があるように見えるのです。

このように、2変数の相関係数だけに注目すると関係がありそうに見えても、別の変数によってわけることで相関がなくなるということがあります。今回は層ごとに無相関だけど全体では相関がある、という例でしたが、逆に層ごとには相関があるが、全体で見ると相関がなくなる、という例もありえます。このように、相関係数だけでは2変数間の関係の本質を見誤ることがあります。

6.2.2　共変量による相関係数の変化と擬似相関

前節の例を一般化すると、次のように言えます。2つの変数の相関関係が、第三の変数と両方相関することによって、本当は関係がないにもかかわらず、見かけ上の相関があるかのように見えるということです。このような現象を、**擬似相関**といいます。前節の例では、学年（あるいは年齢）が知能とパズルゲームをする時間それぞれに相関していることによって、知能とパズルゲームをする時間に見かけ上の相関が生じていました。擬似相関という言葉がやや誤解しやすいのは、知能とパズルゲームをする時間に本当は相関がないということを示しているのではありません。擬似相関は、そこに因果関係が存在しないにもかかわらず見かけ上相関が生じている、ということを意味する言葉です。擬似相関の場合でも、相関自体はあります。

擬似相関を統計学の言葉で言い直せば、共変量と呼ばれる第三の変数と、相関関係が知りたい2つの変数のそれぞれ相関があることで、実際に因果関係がない変数間に見かけ上の相関が見えることでした。図6-4のように学年が高くなるにつれゲームをする回数と知能の両方が高くなることで、2つの変数に相関があるかのように見えました。そして、これが擬似相関であることは、学年が同じ子どものデータだけを見ることで関連がないことから示すことができました。得られた相関が擬似相関であるかどうかは、共変量が一定の値のときの相関係数を求めることで判断することができます。このように、共変量が一定のときの統計量を計算することを共変量で**統制する**と呼びます。

しかし、共変量が一定のときの相関係数を計算するのは、それほど簡単ではありません。さきほどの学年のように低、中、高のようにわかりやすく層に分けることができればいいのですが、連続的な変数が共変量である場合、どのように層を分ければいいかは簡単には判断できません。そのような場合、次節で説明する**偏相関係数**（partial correlation coefficients）を用いることで計算することができます。

6.2.3　偏相関係数

擬似相関が疑われる場合、共変量を同時に測定していれば、層ごとに相関係数を計算することで、それが見かけ上の相関かどうかは判断できます。しかし、共変量が連続的であったり、層ごとに分析するには人数が少なかったりする場合、適切に分析することは困難です。

そこで偏相関係数と呼ばれる指標を用いることができます。偏相関係数は、共変量 Z が変数 X と変数 Y と両方相関していることを考慮して、共変量 Z の値が一定のときの変数 X と変数 Y の間の相関係数を推定することができます。これによって、層ごとに分けて相関係数を計算する必要がありません。

偏相関係数は、変数 X、Y、そして Z 間の 3 つの相関係数を使って簡単に計算することができます。いま、X と Y の相関係数を r_{xy}、Z を統制した偏相関係数を $r_{xy.z}$ と表記すると、

$$r_{xy.z} = \frac{r_{xy} - r_{xz}\, r_{yz}}{\sqrt{1 - r_{xz}^2}\,\sqrt{1 - r_{yz}^2}}$$

のように計算することができます。式が若干ややこしそうですが、ここで重要なのは分子の式です。偏相関係数は、X と Y の相関から、X と Z、そして Y と Z の相関の積を引いています。ここから、Z が X と Y の両方に対して持つ影響力を取り除いていることが分かると思います。分母は、分子で計算した相関係数の単位を戻すためのもので、特に重要な意味はありません。

偏相関係数は、回帰分析を用いて計算することもできます。それは、X を Z で回帰した場合の残差得点と、Y を Z で回帰した場合の残差得点の相関係数が、そのまま Z で統制した偏相関係数となります。図 6-5 のように、Z で回帰した X と Y の残差得点をそれぞれ X'、Y' とした場合、X' と Y' の間の相関係数が偏相関係数と一致します。このように、共変量 Z で統制するとは、一般には Z によって回帰した場合の

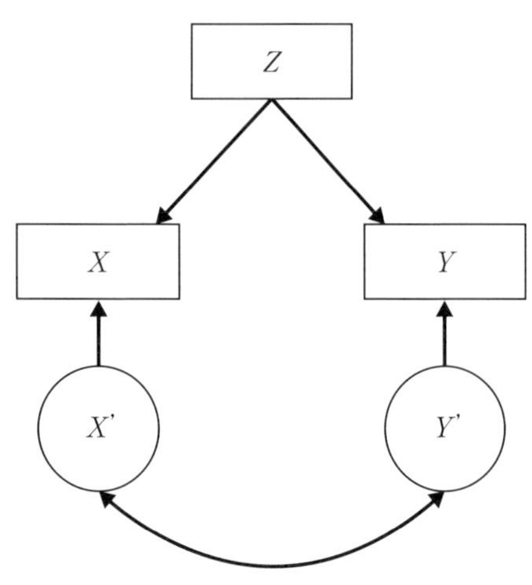

図 6－5　偏相関係数のイメージ

残差を使って統計量を計算することを意味します。

6.2.4　偏相関係数と因果関係

偏相関係数は、共変量が一定であるという仮定のもとでの変数間の相関関係を明らかにすることができました。それでは、偏相関係数は因果関係の強さを表す指標として使えるのでしょうか？

実はそうではありません。6.1 節で解説したように、変数 X が変数 Y に対して因果的に影響を与えることを示すためには、変数 X が変数 Y よりも時間的に先行していること、そして変数 X と変数 Y の間に共変量が存在しないこと、という条件を満たす必要がありました。まず、変数 X が変数 Y よりも時間的に先行している状態で測定されていることが重要です。相関があったとしても、逆の因果関係の可能性が否定できないからです。そして、偏相関係数は測定していた共変量については統制されていますが、測定されていない共変量については何も考慮されていません。よって、他に潜在的な共変量があるかもしれない場合、仮に変数 X が変数 Y よりも時間的に先行していることが分かっていたとしても、偏相関係数は因果関係の強さを表していない可能性があるのです。厳密な意味での因果関係の強さを研究で示すためには、次節で紹介する無作為割り当て実験による因果効果の推定が不可欠なのです。

そうすると、偏相関係数は一体何の意味があるのか、と疑問に思うかもしれません。しかし、もちろんですが、偏相関係数はとても重要な役割があります。次節でも述べますが、すべての研究計画において、無作為割り当て実験を行えるわけではありません。つまり、研究目的によっては、厳密な意味での因果関係が知り得ないことが少なくありません。そういった場合でも、想定されうる共変量をあらかじめ測定しておくことで、たとえそれが厳密ではなくても、因果効果についての証拠のひとつになりえるからです。その研究分野に精通していれば、すべてではなくとも、関連しうる共変量がなにかは、予想がつくことがあります。共変量について十分考慮されている場合に計算された偏相関係数は、ときに因果関係を知るための重要な武器になりえます。

6.3　無作為割り当て実験による因果関係の検証

偏相関係数によって、共変量の影響を統制した相関係数の推定が可能になりました。しかし、前節でも述べたように、偏相関係数では他に潜在的な共変量が存在するとき、正確な因果効果の推定値とはなりません。1 つの研究で測定できる変数は有限ですから、すべての可能性を考慮してシラミつぶしのように共変量を統制することは実質的には不可能です。

それでは、因果関係を厳密に知ることは不可能なのでしょうか？本節では、原理的にはあらゆる共変量と相関がない状態で因果効果を推定することができる無作為割り当て実験について解説します。その前に、なぜ無作為割り当て実験によって因果効果を推定できるのかの原理について簡単に解説します。

6.3.1　統計的因果推論

因果関係を知る、ということは本来とても難しいことです。6.1 節で説明した因果関係の条件について、もう少し詳しく解説してみましょう。本節では、反事実モデルと呼ばれる**因果推論**（causal inference）の議論に沿って簡単に説明します。

因果関係があるかどうかを調べるためには、ある変数を変化させることが原因で別の変数が変化することを知る必要があるのでした。このとき、スイッチを押したら明かりがつくかどうかであれば、スイッチを何回か押せば分かりますが、心理現象についての因果関係の場合はそう簡単にはいきません。たとえば「ある子どもがパズルゲームで 1 年間遊ぶと、知能が高くなる」といった因果関係について調べるためには、1. パズルゲームで 1 年間遊んだ場合の知能、2. パズルゲームで遊ばなかった場合の知能、の 2 つを比較する必要があります。パズルで遊んだ場合の知能の得点と、遊ばなかった場合の知能の得点の差を、**因果効果**（causal effect）あるいは**処置効果**（treatment effect）と呼びます。因果推論において真に知りたい効果は、この因果効果です。しかし、ある個人の因果効果はタイムマシーンでもない限り、因果効果を計算することは不可能です。なぜなら、パズルゲームで 1 年間遊んだ子どもの知能を、遊んでいない状態に戻すことはできないからです。

このように、ある介入や処置を行うと、それをしなかった状態から変わってしまって、比較がそもそもできなくなることが心理学の場合では多くあります。つまり、ある個人に焦点を当てたときの因果効果は、介入した場合の事実に反する、別の事実を考えないといけなくなるため、原理的にそれを知ることはできません。反事実モデルというのは、介入を行った事実とは違う別の事実について考える必要があるため、このように呼ばれています。

6.3.2　無作為割り当て実験と平均因果効果

では、個人ではなくて何人か人を集めた場合はどうでしょう。パズルゲームで遊んだ子どもたちと、パズルゲームで遊ばなかった子どもの二つのグループを比較することを考えます。このとき、二つのグループの子どもたちの知能得点の平均値の差は、因果効果の平均と一致するでしょうか。これは、すでに学んだように、共変量による交絡の可能性があるため、因果効果の平均と一致するとは限りません。たとえば、もともと知能が高い子どものほうがパズルを好むかもしれませんし、あるいは教育熱心な親のもとで育つ子どもたちがパズルで遊び、同時に知能も高くなっているだけかもしれません。

前節で学んだように、親の教育態度などを事前に測定していればそれを統制することでパズルと知能の擬似相関を消すことはできます。しかし問題は、共変量が事前に測定できない場合にどのように因果効果を推定するかでした。共変量がパズルと知能の両方に影響を持つ場合、因果効果を正しく推定することは困難になります。

それではここで、パズルゲームで遊ぶかどうかが、他の変数と全く無関係に決まる場合の知能の平均値の差について考えます。たとえば、

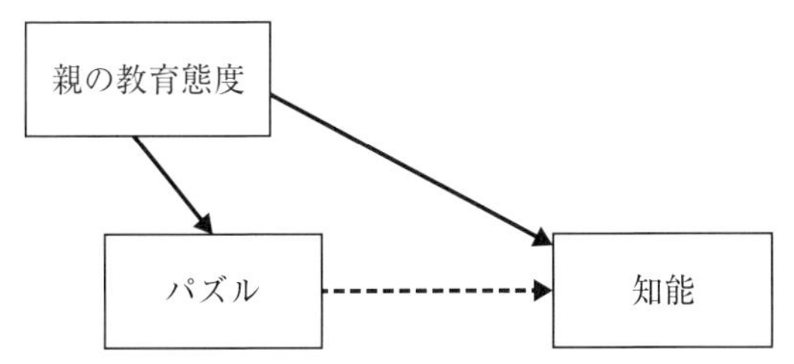

図 6－6　親の教育態度がパズルと知能の関係に影響する場合

パズルで遊ぶグループと、遊ばないグループの二つのグループを設定します。心理学では、前者のなんらかの処置を行うグループを**実験群**（experimental group）あるいは**処置群**（treated group）、そして後者の介入を行わないグループを**統制群**（control group）あるいは**対照群**と呼びます。そして、統制群と実験群に誰が所属するかを「全くの運で決める」とします。そうすると、あらゆる共変量はパズルで遊ぶかどうかに影響しなくなるため、擬似相関が生じえなくなります。すなわち、全くの運によってパズルで遊ぶかどうかを決められたグループ間の知能の差は、因果効果の平均値と一致するのです。なぜなら、それによって生じた知能の差は、平均的には、パズルで遊んだかどうかによってしか変化しようがないからです。このようなグループの作り方のことを、**無作為割り当て**（random assignment）といいます。また、個人ではなく、集団の因果効果のことを、**平均因果効果**（average causal effect）といいます。

このように、個人の因果効果を知ることは困難ですが、集団の平均因果効果を知ることは、無作為割り当て実験を用いれば可能です。無作為割り当てを用いることで、原理的にはどんな共変量とも関連しないので、擬似相関などが生じることはありません。心理学において無作為割り当て実験という方法を用いることは、因果関係を調べる上で非常に強い武器となります。

ただ、例外として、実験心理学では実験操作が個人に対して与える影響が非常に小さい場合があります。たとえば知覚の実験などでは、統制

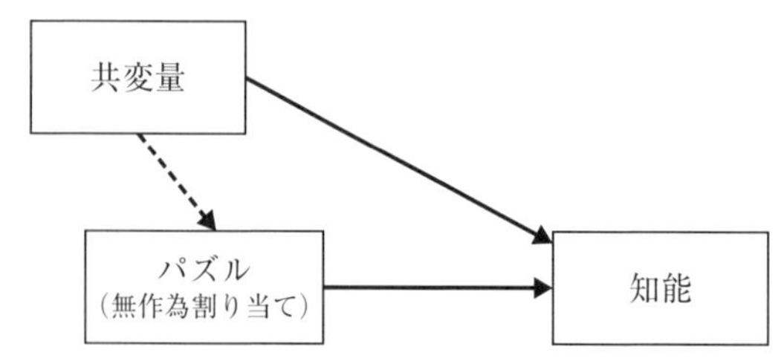

図6-7　パズルで遊ぶか否かを無作為に決めた場合

刺激と実験刺激の両方を同じ人に見せても、その見え方に影響することはあまりないと考えられています。そのような場合は無作為割り当てを行わずとも同じ個人のデータを比較することで因果効果を知ることが可能です。同じ個人から違う条件のデータを得る場合、対応のあるデータと呼びます。一方、違うグループの平均値を比較する場合は、対応のないデータと呼びます。両者の違いについては、第11章で学びます。

6.3.3　平均因果効果の大きさを表す指標

因果関係を知るためには、統制群と実験群を設定し、無作為に割り当てられた参加者の回答や行動についての平均値の差を計算する必要がありました。平均因果効果はまさにこの平均値の差によって得られます。心理学で2群の平均値の差についての推測を行うことが多いのは、このためです。

しかし、平均値の差は測定変数の単位によってその大きさが変わります。たとえば、長さを従属変数とした場合に、その単位をcmにするかmにするかによっても、値が変わってしまいます。平均値の差についても、相関係数のように標準化された効果についての指標があると便利です。このような指標を、**標準化効果量**（standardized effect size）と呼びます。

心理学でよく使われる標準化された平均値差として、Cohenが提案したdという指標があります。Cohenのdは、次の式で計算できます[1)]。

$$d = \frac{\bar{x}_1 - \bar{x}_2}{s^*}$$

$$s^* = \sqrt{\frac{n_1 s_1^2 + n_2 s_2^2}{n_1 + n_2 - 2}}$$

1）この式で計算される量は、本来はCohenが提案したものではなく、Hedgesが提案したものです。しかし、心理学ではCohenのdと呼べばこの定義式で計算された量のことを指すことが多いので、本書でもそれにならいました。

s^* は2つの群の標準偏差を合成したものです。Cohen の d は2群の平均値差を、この合成した標準偏差で割った値であり、単位に依存しない効果の大きさを表しています。

Cohen の d がどれくらいなら大きい効果を意味するのかは、分野に依存するため一概には言えません。心理学では0.5を中程度の効果とすることが多いです。また相関係数のように最大値、最小値がある指標ではなく、上限、下限はありません。

6.4 まとめ

これまで、2つの変数の関係から因果関係を推定するための方法について解説しました。相関係数だけでは共変量との交絡の可能性があるため、因果効果を推定することができません。そのためには偏相関係数によって共変量を統制する必要があります。あるいは、無作為割り当てによってあらゆる交絡をなくす方法も有効です。

学習課題

次のデータセットについて、Z を統制した X と Y の偏相関係数を計算しましょう。まずは手計算で求めて、次にソフトウェアでも同じ結果が得られるか試してみましょう。

ID	X	Y	Z
A	5	3	1
B	2	1	4
C	3	2	2
D	4	6	5
E	7	4	3

参考文献

• 高野陽太郎（2004）『心理学研究法—心を見つめる科学のまなざし』有斐閣

7　母集団と標本

清水　裕士

《目標＆ポイント》 本章からは、記述統計学から一歩進んで、推測統計学と呼ばれる方法について学びます。推測統計学を使うと、限られたデータから、もう少し一般的なことについて主張できるようになります。その分、これまでよりは学ぶ内容が高度になりますが、科学的な研究を行う上で必須の知識となりますので、頑張って学習しましょう。

《キーワード》 推測統計学、母集団、標本、確率、確率変数、確率分布、無作為抽出、標本統計量、標本分布

7.1　推測統計学とは

7.1.1　記述統計学から推測統計学

第6章までは、得たデータの要約をしたり、2つの変数の間の関係をみたりする技術について勉強しました。ここまでの統計学を、特に記述統計学と呼びます。それは、得たデータを要約、記述するための方法だからです。記述統計学は、得たデータそのものについてはよく分かりますが、それらの特徴について一般化をすることができないという限界点があります。たとえばある大学で心理学の実験を行った場合、記述統計学だけでは、その実験に参加した人の特徴以上のことは主張ができないのです。心理学では、人一般の行動のメカニズムを知ることが目的ですので、記述統計学だけではその目的が達成できません。そのためには、推測統計学が必要です。

7.1.2　母集団と標本

推測統計学では、得たデータから、より一般性の高い知見を得ることを目的とします。それでは、より一般性の高い知見とはどういうものを指すのでしょうか。たとえば心理学では、ある大学の学生の心理的な特徴が知りたいというよりは、人一般についての知識を得たいと考えることが多いです。そこまで大きくなくとも、たとえば「日本人」、「特定の文化圏の人々」程度には一般的な知識を得ようと思っています。その場合、知りたい対象の集団のことを**母集団**（population）と呼び、そこから実験や調査でデータを得るために選ばれた集団のことを**標本**または**サンプル**（sample）と呼びます。心理学では、母集団はたいてい数百万～数億人規模の大きな集団、標本は数十人～数百人の相対的に小さい規模の集団となります（図7-1）。また、母集団から標本を得ることを、**標本抽出**（sampling）と呼びます。

ここで読者は、数百万人の規模の集団の特徴を知るために、数十～数百人程度のデータで大丈夫なのか、という疑問を持つかもしれません。推測統計学を知らない人ほど、「そんな限られたデータで人間一般のことなんて分かるわけがない」と考えてしまいがちです。しかし、いくつかの条件を満たせば意外に小さい標本でもある程度のことは分かる、ということが推測統計学を学べば理解できるようになります。

本章では、母集団から標本を得て、母集団の特徴を推測するという推測統計学の基本的な考え方を解説していきます。

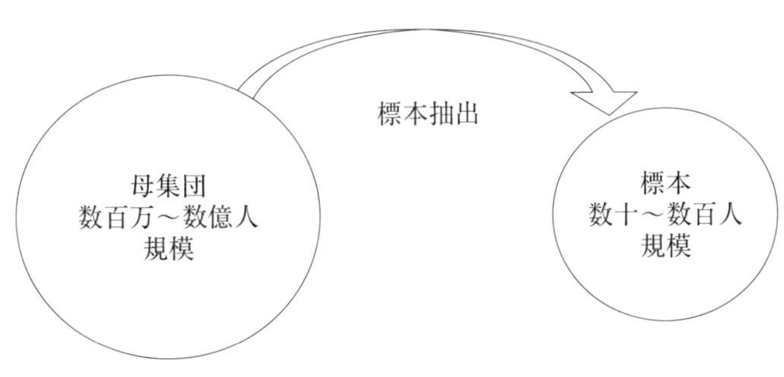

図7-1　母集団からの標本抽出

7.2　確率と確率変数

まずは、最もシンプルな例を用いて標本を用いて母集団を推測する枠組みを解説します。イメージしやすいように、1万人程度の母集団[1)]から、数十人の標本を得る場合を想定してみましょう。

【例】

ある私立大学には、1万人の学生がいます。この大学では学祭が毎年行われていますが、今年になって学長は「学祭を実施するためには、在学生の半分以上の賛成があることを報告しなければならない」というルールを作りました。そこで、今年の学祭実行委員は1万人の学生全員にアンケートをし、その結果を学長に報告しなければなりません。

しかし、学祭実行員は「全員からデータを集めるのは大変だから、一部の学生のデータでいいのではないか」と思いました。そこで、100人の学生にアンケートを取り、65人の賛成があることが分かりました。比率は半分を超えています。

学長にこのことを報告しましたが、学長は「たった100人のデータで何が分かる、全員集めなければダメだ」といいました。

さて、このストーリーは、まさに推測統計学が活躍しそうな状況です。学祭実行委員が1万人の学生全員からデータを取ることなく学長を説得するにはどうすればいいでしょうか。

まず、100人のデータでは信用できない、というのは実際のところどれくらい本当なのでしょうか。なぜ100人のデータでは信用できないかと言えば、1万人から100人のデータを得るとき、それが「たまたま得られたもの」と考えられるからでしょう。本当は賛成率が50%より

1）実際は、母集団として1万人は小さすぎます。有限サイズの母集団の場合、本来は推定に有限修正を行う必要がありますが、ここでは説明の分かりやすさを重視して、有限修正については触れません。

小さいのに、たった100人の標本だと、「たまたま賛成の人が多い場合」がありえます。もちろん逆に、たまたま反対の人が多い場合も同様にあり得ます。このように母集団から標本を得るときは、偶然の揺らぎを考慮に入れる必要があるのです。

ただ、それが確率的なものであれば、数学の力を使えば100人のデータがどれくらい信用できるのか、できないのかがある程度は分かります。推測統計学は、確率の考え方を使うことで、偶然に標本がどれくらい揺らぐのか、その法則性が分かるのです。

7.2.1　確率

私たちは、ある出来事が不確実に生じるとき、その生じやすさをしばしば確率で表現します。日常的によく使う確率として、天気予報における降水確率や、ゲームなどでしばしば見るアイテムの入手確率、などがあります。降水確率が80%なら、「今日は傘を持っていこうかな」と思うかもしれませんが、20%なら持たない人のほうが多いでしょう。そのように、確率は不確実さを数量化したものです。

確率は**事象**（event）の起こりやすさを、0～1の範囲の実数に割り当てます。確実に起こる場合は1で、絶対に起こらない場合0となります。たとえば「偏りがないコインを投げて表が出る確率は0.5」という言い方をします。

事象の起こりやすさを確率で考えるときに、次の2つの性質を理解しておく必要があります。1つは、排反（同時に起こりえない）な事象についてです。たとえば晴れと雨が同時に起こりえない**排反**な事象であるとします。そのとき、晴れ、または雨である確率は、晴れである確率と雨である確率の和と一致します[2)]。これは確率の最も基本的な性質です。

2）これを抽象的に言えば、互いに排反な事象の和事象の確率は、それぞれの確率の和と等しい、となります。つまり、互いに排反なAとBについて、

$$P(A \cup B) = P(A) + P(B)$$

です。

もう1つは、独立（それぞれがまったく無関係）な事象についてです。たとえば天気が晴れることと、株価が上がることが全く無関係、つまり**独立な**事象であるとは、天気が晴れて、かつ株価があがる確率が、晴れの確率と株価が上がる確率の積と一致することを言います[3)]。排反とは違い、これは独立な事象に成り立つ性質ではなく、逆にこういう性質を持つことを独立と定義する、という意味なので注意しましょう。

確率を経験的に知るためにはどうすればいいでしょうか。統計学では、頻度主義的確率、あるいは経験的確率として、次のような定義をする場合があります。ある事象（たとえばコインが表になる、など）が生じる試行（コイントス）をたくさんして、試行数に対する事象が発生した相対頻度（10000回中5000回、つまり0.5など）がある値に収束するなら、その値を**経験的確率**と呼びます[4)]。つまり、たくさんの試行を行えば、その事象が相対的にどれくらい生じるかをもって確率を知ることができる、という考え方です。

7.2.2 確率変数と確率分布

次に、**確率変数**（random variable）を導入します。確率変数とは、確率的に生じる事象に数値を割り当てたものです。たとえば学祭の例の場合、賛成を1、反対を0という値を割り当てたとき、この0と1は確率的に生じる変数（0、1と値が変わりうる）であるため、確率変数と呼ばれます。また、試行の結果実際に得られた値のことを確率変数の実現値といいます。

続いて、**確率分布**（probability distribution）を導入します。確率分

3）これを抽象的に言えば、互いに事象が独立であるとは、事象の積事象の確率が、それぞれの確率の積と等しいことをいいます。つまり、AとBについて、

$$P(A \cap B) = P(A)P(B)$$

が成立する場合、AとBは独立である、といいます。

4）経験確率は、試行数が十分大きいときに理論的な確率と一致することが大数の法則によって証明されます。

布とは、確率変数の実現値それぞれの生じやすさを確率で表したものです。統計学では、確率変数の実現値を与えると確率を返す関数のことも確率分布と呼びます。表7-1は、事象と確率変数（の実現値）と確率の関係を表しています。

事象を確率変数として扱うことで、統計学的に扱いやすくなります。たとえば「ある大学から学生を選んでアンケートを取り、学祭について賛成と言う」という事象に1、反対という場合に0という値を割り当てた場合、事象が社会的にどういう意味であるかはさておき、0と1という数値がどういう確率で生じるのか、という数学的な問題として扱えるようになります。さらにいえば、確率変数として事象を扱えば、母集団は人の集団ではなくて、確率変数の実現値の集合として考えることができます。具体的に言えば、1万人の学生の集団として母集団を考えるのではなく、0と1の数値が1万個あるような集合として母集団を考える、ということです。こうすることで、より標本抽出という社会的な営みを、推測統計学という数学的な枠組みとして考えやすくなるのです（図7-2）。

確率変数としてデータをとらえるとき、1つの標本に含まれるデータの数のことを**標本の大きさ**、あるいは**標本サイズ**、**サンプルサイズ**と呼びます。注意が必要なのは、ある研究で10人分のデータを集めたとき、それはあくまで大きさが10の1つの標本なのであって、10個の標本を集めたわけではありません。標本の大きさを一般にn（小文字のエヌ）

表7-1　事象と確率変数、確率の関係

事象		実現値	確率
賛成	→	1	0.7
反対	→	0	0.3

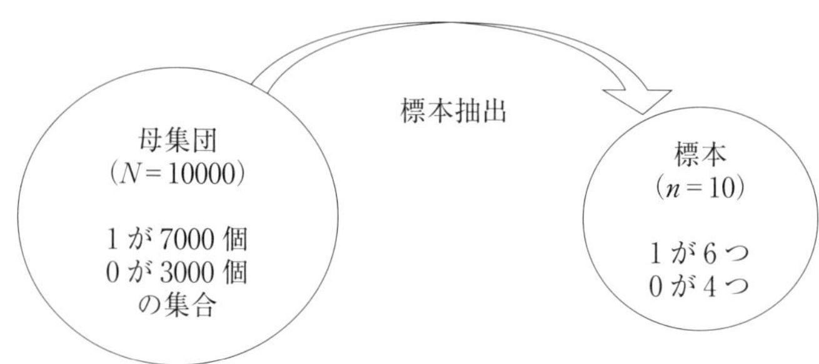

図7-2　標本抽出を数学的に考える

を使って表します。また、母集団が有限の場合はNを使って表します。

さらに標本抽出を確率的な現象として考えるときに重要になるのが、どのような方法で母集団から標本を得るかです。学祭実行委員の知り合いを選んできた場合、その学生はもしかしたら学祭について協力的な人ばかりかもしれません。母集団の性質を標本に正確に反映させるためには、無作為に人を選ばなければなりません。無作為に人を選ぶとは、母集団のすべての対象が偏りなく選ばれることを意味します。特に、母集団のすべての対象が等確率[5)]で選ばれるように標本を抽出する場合、**単純無作為抽出**（simple random sampling）と呼びます。単純無作為抽出のほかにも、さまざまな無作為抽出の方法がありますが、心理学では特に断らない場合は、単純無作為抽出のことを無作為抽出と呼んでいます。そして、以後の説明では、標本抽出はすべて単純無作為抽出されているという前提で話をします。標本抽出が無作為であるとは、推測統計学的には、データ1つ1つが得られるという事象が独立であることを仮定していることと同じです。データの独立性を仮定できれば、そのあとの推定が簡単になるという利点があります。

また確率変数は、大きく分けて2種類に分けることができます。コイントスの表と裏に対して0と1を割り当てるような場合は、とびとびの

5）誤解がないように説明しておくと、ここでの等確率で選ばれるのは、母集団内の個々の対象（たとえば1万個の実現値）であって、実現値の種類（たとえば0と1）のことではありません。

値しかとらないため離散型確率変数と呼びます。一方で、小数など連続的な値を取り得る確率変数を連続型確率変数と呼びます。身長のデータを取るといった場合、値は連続的になるので、連続型確率変数となります。本章では離散型確率分布を扱います。

7.3　推測統計学の考え方

前節では、推測統計学のベースとなる確率や確率変数の考え方について学びました。本節では、それらを応用して、標本抽出を数学的に考えていきます。

7.3.1　標本統計量

確率や確率変数の考え方を、標本抽出に応用してみましょう。いま、母集団である 1 万人の学生のうち、実際に学祭開催に賛成が 7000 人、反対が 3000 人であるとします。それでは、この中から 10 人の学生を無作為に選んだとき、その学生が学祭に賛成であると言う比率はどれくらいでしょうか？

いま、「学生を無作為に一人選んで学祭開催について聞いたら賛成か反対のどちらか意見を言う」という事象を確率変数とみなしてみましょう。学生が賛成と言う場合を 1、反対と言う場合に 0 を割り当てます。得るデータは 10 人分の 0 か 1 の値となります。このとき 1 が得られる確率は単純無作為抽出であれば、1 万人中 7 千人が 1 なので、0.7 となることが考えられます。また、0 が得られる確率は同様に 0.3 となります。このように、母集団から標本抽出することを想定すると、1 が 0.7、0 は 0.3 の確率で得られる確率分布を想定していることと同じになります。このように、母集団からの標本抽出を確率分布とみなしたとき、本書では、**母集団分布（population distribution）**と呼ぶことにします。

母集団分布から実際に10人分のデータを取ってみると、1が6人、0が4人だったとします。このデータの平均値を計算すると、

$$\frac{(1\times6+0\times4)}{10}=0.6$$

となります。つまり、賛成を1、反対を0とした場合のデータの平均値は、そのまま賛成の比率と一致します。

さて、この0.6という値は、母集団から得た標本のデータの平均値です。このように標本によって得たデータから計算された平均のことを、特に**標本平均**と呼びます。一方で、1万個の値の集合としての母集団の平均値のことを標本平均と区別して、**母平均**と呼びます。同様に、標本から計算した分散は標本分散、母集団の分散は母分散と呼びます。一般に、標本から計算される記述統計量のことを**標本統計量** (sample statistic)、あるいは単に**統計量**と呼びます。そして、母集団の特徴を表す値を**母数**[6]と呼びます。

続いて重要なことは、標本から計算された、標本平均をはじめとするあらゆる標本統計量も確率変数であるということです（図7-3）。なぜ

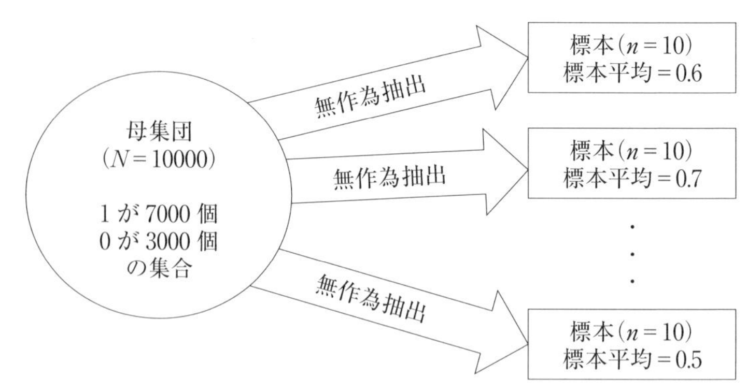

図7-3　確率変数としての標本統計量

6）母数の英訳としてparameterを使うことが多いですが、parameterはあとで解説する確率モデルの形状を決める値を意味します。そして、分析者が任意に設定した確率モデルのparameterが必ずしも母集団の真の特徴と一致する保証はないため、本書ではその訳語を使いません。

なら、標本統計量もある同じ大きさの標本を取るごとに確率的に変化すると考えられるからです。具体的には、ある日に学生 10 人に対してアンケートをしたら 10 人中 6 人が賛成（つまり標本平均＝0.6）、別の日にまた 10 人にアンケートしたら 10 人中 5 人が賛成(標本平均＝0.5)だった、というように確率的に変化します。またそれに対し、実際に得られた標本から具体的に計算された平均値などの数値を、**標本統計量の実現値**と呼びます。標本統計量を確率変数とみなすことは、次に説明する標本分布の考え方を理解するのにとても重要です。

7.3.2　標本分布

次に、標本平均の実現値が得られる確率について考えます。学長を 100 人の学生のデータを使って説得するためには、100 人からなる標本から計算した標本平均がどれほど偏るのかを知る必要があります。もし 100 人のデータの平均があまりバラついたり偏ったりしないのであれば、「100 人のデータが信用ならない」という学長の主張が誤りであるかもしれません。

そのことを知るためには、母集団から無作為抽出をした場合、標本統計量の実現値がそれぞれ得られる確率を計算すればよいでしょう。ここでは理解をしやすくするため、標本サイズが 1 の場合の例から順番に考えていきます。1 万人の母集団（賛成 7 千人、反対 3 千人）から 1 人学生を選んで、賛成と言う確率はいくらでしょうか。

もちろん普通に考えれば、賛成の相対頻度から 0.7 となることは母集団の分布から分かります。しかし、学祭実行委員は母集団の全容を知らないので、実際にデータを取ってみないと分かりません。さきほどの経験確率の定義から、それを知るためには同じ試行を何度も繰り返して、その相対頻度を得ることで知ることができます。毎回同じ試行を行うためには、1人の態度を聞いた後、次の人を選ぶときには、その人をまた1万人の中に戻して同じ状態に戻す必要があります。こういった抽出のことを**復元抽出**と呼びます。いま、1000回この抽出を行ってみたところ、694回賛成、306回反対のデータが得られたとします(図7-4)。ここから、賛成の人が選ばれる確率は0.7程度だろう、ということが経験的に分かります。

では、4人の学生、つまりサイズ4の標本を無作為に抽出し、その標本平均がどのように分布するのかを考えてみましょう。サイズが4のため、賛成の人数で取り得るのは0人、1人、2人、3人、4人の5パターンです。賛成を1、反対を0とした場合の標本平均でいえば、{0、0.25、0.5、0.75、1}を取り得ます。このような標本抽出を1000回行った場合、標本平均は次のような分布となりました(図7-5)。このグラフが表しているのは、無作為抽出を1000回行ったときの、標本平均の実現値の度数です。もしそれぞれの度数を1000で割れば、相対度数が得られます。経験確率の考え方からすれば、試行数がとても大きくなると、それは標本平均のそれぞれの実現値が得られる確率に収束するのでした。

実は、今回のように2つの値しかとらない標本平均の分布は、数学的

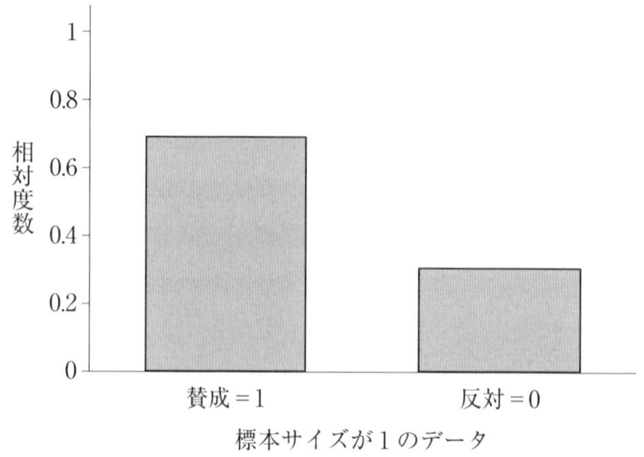

図7-4　標本サイズが1の場合の賛成と反対の比率

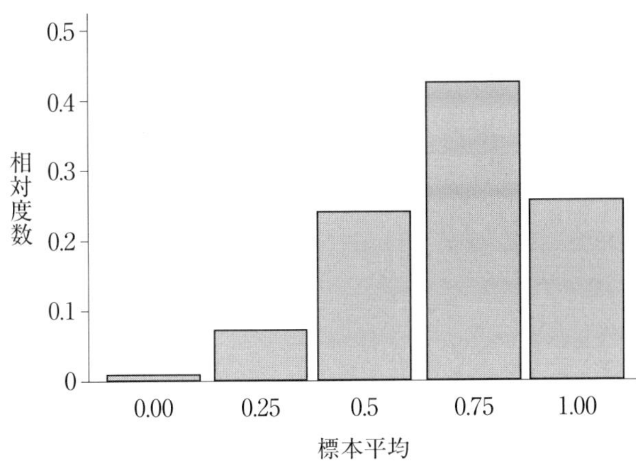

図7-5　標本平均の分布

に導くことができます。図7-5のような相対度数は標本抽出の回数を増やしていくと、二項分布[7]と呼ばれる確率分布に収束することが分かっています。今回の標本サイズ4の標本平均の分布は、確率0.7、試行数4回の二項分布に従います。母集団の賛成率は0.7であることを反映して、標本平均の得られる確率も0.75が最も高く40%を超えているのが分かります。一方で、たった4人のデータだと賛成が0人の場合も十分あり得ることが分かります。このように、母集団の分布が分かっていると、無作為抽出を何度も繰り返した場合の標本平均の分布を確率分布として表現することができます。一般に、標本統計量が確率的に変動することを表した確率分布のことを、**標本抽出分布**（**sampling distribution**）あるいは、**標本分布**と呼びます。標本分布という名前からは、1つの標本のデータの分布をイメージしてしまいがちですが、そうではなく、標本をたくさん抽出した場合の標本統計量の確率分布のことなので注意しましょう。

7）二項分布とは、ある確率で成功・失敗といったような2つの事象が生じるような試行を独立にある回数繰り返すとき（これをベルヌーイ試行といいます）に、成功が得られる回数についての確率分布です。

ではさらに標本サイズを大きくして、10 人の標本の場合を考えます。すると、標本平均の標本分布は、図 7－6 のような二項分布になります。4 人の場合に比べると、10 人のほうが標本平均の散らばりが小さいことが分かります。具体的には、母平均が 0.7 の場合、10 人中賛成が 2 人以下である標本が得られる確率は非常に低いことが分かります。

続いてさらに標本サイズを大きくして、$n=100$ の場合を考えましょう [8)]。さきほど同様に、標本平均の標本分布は、図 7－7 のような二項分布となります。100 人も標本をとると、かなり標本分布の幅が狭くなっていて、また左右対称になっているのが分かります。0.7 が最も確率が高く 0.55 から 0.85 の範囲に集中しています。0.4 以下になるとほとんど 0% に近くなります。このことから、標本サイズ 100 の標本平均は、母平均から 0.3 以上離れた値を取る確率は非常に小さいことが分かりました。

これまで見てきたように、標本サイズが大きくなるにつれて、標本分布の散らばりはどんどん小さくなります。そして、無作為抽出されたサ

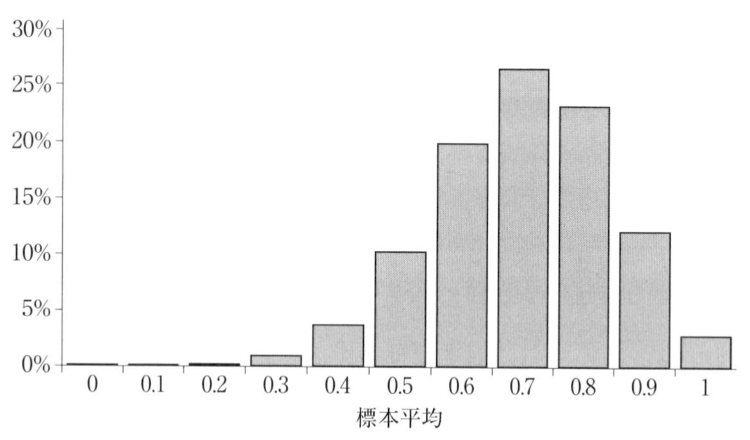

図 7－6　標本サイズ 10 の場合の標本平均の標本分布

8）すでに脚注 1 でも述べたように、1 万人の有限母集団に対して標本で 100 人も取ると、厳密には有限補正を行う必要がありますが、本書では話を難しくしないために、そこは考えないことにします。

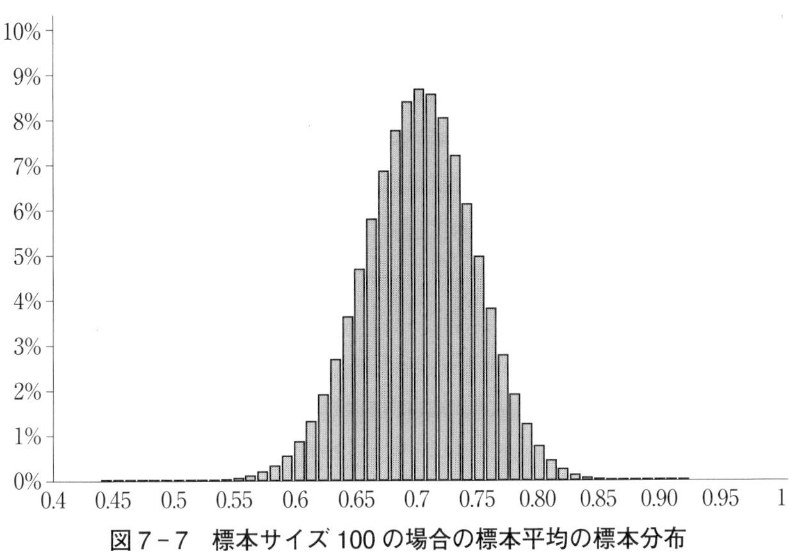

図 7 − 7　標本サイズ 100 の場合の標本平均の標本分布

イズ 100 の標本があれば、それなりに正確な推定ができることが分かります。母平均が 0.7 の場合、標本平均が 0.6 から 0.8 である確率は、二項分布から 97.8％程度だと計算できます。よって、今回の例では、標本サイズが 100 あれば、実際にはほとんどの標本平均は母数から ± 0.1 の範囲に入ることから、0.65 の標本平均が得られた場合、かなりの高い確率で母平均は過半数を超えるだろう、という主張ができそうです。推測統計学の知識があれば、無駄なデータ収集をせずとも、標本サイズに合わせた精度で母集団の性質について言及することができるのです。

ただし、厳密に母数がどれくらいの範囲に入りそうかについての推定方法については、次の章で詳しく解説します。次の章では、標本が大きい場合に標本分布が正規分布になることを利用した推測統計学の方法を解説します。

学習課題

1．確率変数と確率変数の実現値の違いを説明できるようになりましょう。
2．標本分布とは何かを説明できるようになりましょう。

参考文献

• 南風原朝和（2002）『心理統計学の基礎―統合的理解のために―』有斐閣

8 確率モデルを用いた区間推定の考え方

清水　裕士

《目標＆ポイント》 第7章では、母集団と標本の関係について学びました。標本の大きさが大きくなると、母集団の性質についてある程度の精度で推測することができることが分かりました。本章では、より具体的に標本から母集団の性質を推測する方法について学びます。それにより、標本統計量から母数についての区間推定ができるようになります。

《キーワード》 確率モデル、正規分布、期待値、標準誤差、区間推定、信頼度、信頼区間

8.1 母集団分布に確率分布を仮定する

第7章では、学祭開催に対する態度として、賛成と反対の2値の場合を取り上げました。そのため標本分布が二項分布と呼ばれる確率分布になるという性質が利用できました。

しかし、心理学で扱われるデータはそのほとんどが比例尺度あるいは間隔尺度で測定されたものであるため、標本分布は二項分布にはなりません。標本分布がどのような確率分布になるのかは、母集団にどういう値がどのように含まれているのかに依存します。標本分布がどのような確率分布となるか分からない場合、標本統計量が確率的にどれくらいの範囲に散らばるかが分からないため、母数の推定を行うのは困難になります。

本章では次のような例を考えます。

【例】

ある工場で製造された缶詰が1万個倉庫にあります。この工場では缶詰を製造するとき、設定の重さから平均2g程度の誤差があることが分かっています。いま、製品チェックの担当者は、25個の缶詰の重さを測って、この工場で何gの設定で缶詰が製造されているかを推定したいと考えています。

このとき、母集団は1万個の缶詰の重さ、標本は実際に重さを測る25個の缶詰の重さになります。この場合、どうやって母数を推定すればいいでしょうか。ただし、ここでは母集団の標準偏差が2gであると分かっている場合を想定しています[1)]。つまり、母分散は$2^2=4$です。

8.1.1　確率モデル

推測統計学では、母集団分布が未知の場合、母集団から標本を得るというプロセスに仮定をおきます。第7章で学習したように、標本抽出は確率によって表現できるのでした。そこで母集団からある値が標本として選ばれる事象の確率が、よく知られた確率分布に従うと仮定できると考えます。標本抽出について既知の確率分布を仮定するとき、それを標本抽出の**確率モデル**（probabilistic model）、あるいは**統計モデル**（statistic model）と呼びます。具体的に解説していきましょう。

例は、1万個ある缶詰の中から、いくつか取り出してその重さを測り、母平均を推測する問題です。ここで母集団である1万個の缶詰の実際の重さ（実際には分かりませんが）をヒストグラムで表すと図8-1のようになるとします。この1万個の缶詰から、無作為に1つ缶詰を取り出して重さを測ります。そのとき、缶詰の重さは確率変数とみなすことができますが、どのような確率に従って生じると考えることができるで

1）母標準偏差や母分散が分かっていることは、心理学ではほとんどありません。この仮定は説明の分かりやすさのためです。母分散が分かってないときの推論は、第9章で解説します。

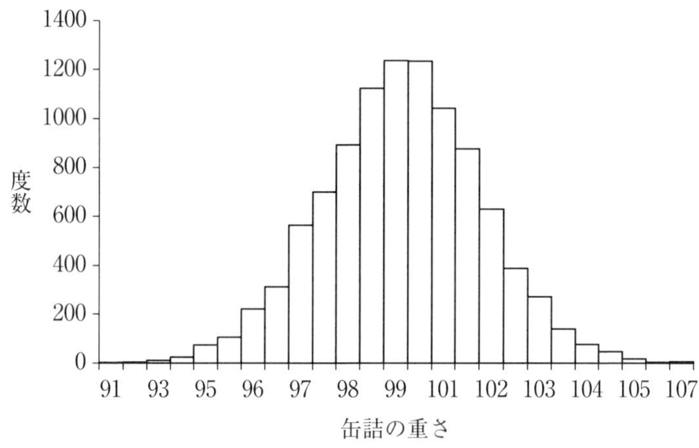

図８－１　10000 個の缶詰の重さのヒストグラム

しょうか？実際の缶詰の重さについての確率は、母集団がどのような集合であるかに依存します。そこで、確率モデルを仮定してみましょう。

よく用いられる標本抽出の確率モデルに、**正規分布**（**normal distribution**）があります。正規分布とは連続型の確率分布で、真ん中にピークがあり、左右対称の形状をしています（図８－２）。図８－１の

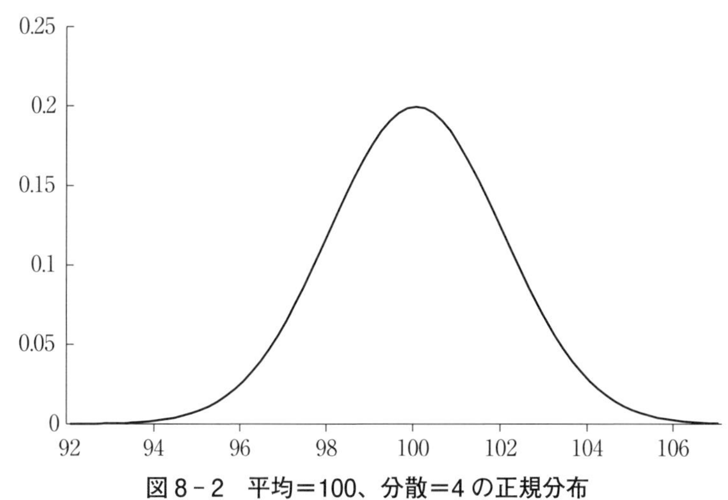

図８－２　平均＝100、分散＝4 の正規分布

ヒストグラムと見た目としてもよく似ており、缶詰の母集団分布を近似するモデルとして、正規分布が利用できそうです。正規分布の性質については、次の節で解説します。

確率モデルとして正規分布を仮定するとは、母集団から標本を得るときにデータの発生する確率が正規分布に従う、と想定することです。確率モデルを仮定することの利点としては、標本分布、つまり統計量の分布がどのような確率分布になるのかを数学的に導くことができることが挙げられます。後述するように、標本抽出の確率モデルとして正規分布を仮定したとき、標本平均の標本分布も正規分布になることが知られています。このように、実際には母集団がどのような値の集合か分からなくても、確率モデルとして近似することで標本分布を導くことができるようになります。当然ですが、確率モデルが実際の母集団分布の確率からかけ離れていた場合、そこから導かれた標本分布は正確にはなりません。誤った確率モデルを設定した場合、推測統計学は妥当な方法ではなくなってしまうことに注意しましょう。確率モデルの誤設定については、詳しくは第15章で学びます。

確率モデルとしてどの確率分布を用いるかは、データの性質などから判断します。たとえば大きめの標本を取ったときのヒストグラムを見れば、母集団のヒストグラムにある程度近似していると考えられるので、そこから適切な確率分布を選択することができるでしょう。あるいは、データがどういうメカニズムで発生しうるかから、確率モデルを想定することもできます。たとえば発生確率の低い出来事の頻度などは、ポアソン分布という確率分布で表現できることが分かっています。そこからある交差点の交通事故発生頻度をポアソン分布で近似する、という方法が考えられます。

8.1.2　正規分布の性質

正規分布には、その形状を決める２つのパラメータを持ちます。それは平均パラメータと、分散パラメータです。平均パラメータは確率分布の位置を、分散パラメータは確率分布の広がりの大きさを意味します。２つのパラメータをそれぞれ変化させると、図８-３のようになります。このように、正規分布のパラメータを変えると、分布の位置や幅を変化させることができます。一般に、確率分布にはパラメータと呼ばれる値を持っており、それによって確率分布の表現力が豊かになっています。

それでは、確率分布の平均、分散とは何を意味するのでしょうか。確率分布は確率変数の実現値と確率を対応させたものでした。確率分布の平均とは、確率変数の実現値に確率を重みづけて合計したものであり、どれくらいの値が発生すると期待できるか、を意味します。よって、確率分布の平均値のことを特に**期待値**（expected value）と呼びます。確率変数 X の期待値は、$E(X)$ と表記することがあります。具体的には、確率変数 X が 50％の確率で 1、50％の確率で 0 が生じるような確率分布のとき、

$$E(X) = 1 * 0.5 + 0 * 0.5 = 0.5$$

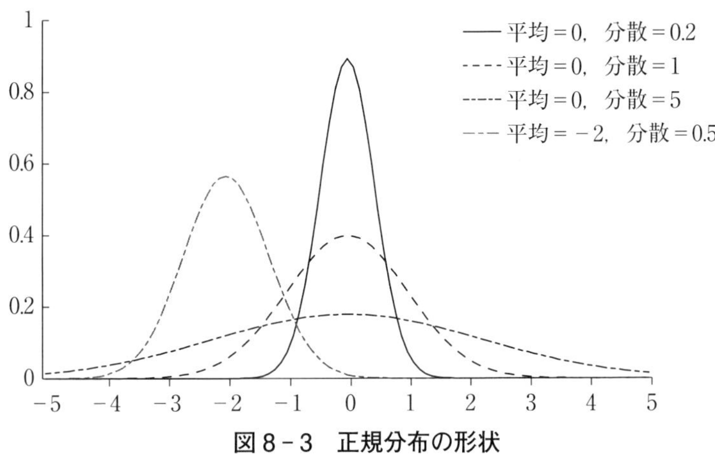

図８-３　正規分布の形状

が期待値となります[2]。正規分布の平均パラメータは、その期待値と一致します。また、期待値にはさまざまな性質があります。ここでは線形性の性質を説明します。それは、$E(aX+bY)=aE(X)+bE(Y)$ となる性質です。つまり、確率変数 X を線形変換した新しい確率変数の期待値は、X の期待値を線形変換したものと一致するというものです。また、確率分布の場合でもその散らばりについては分散と呼び、$V(X)$ と表記します。

続いて、正規分布と確率の関係について説明します。二項分布のような離散確率分布の場合、確率変数の実現値と確率は一対一対応していました。たとえば第7章で紹介した二項分布では、実現値に対応して、その発生確率が決まります（図 8－4）。しかし、確率変数が連続的な値を取る場合はどうなるでしょうか。いま、二項分布の実現値が 1000 パターン取り得る場合の分布を図 8－5 に示します。1000 に値を区切ると、分布がとてもなめらかになり、さらにそれぞれの値に対応する確率が小さくなっているのが分かります。これを 1 万、1 億と区切る数を大きくすると、実現値が取り得る確率は 0 に近づいてしまいます。すなわち、連

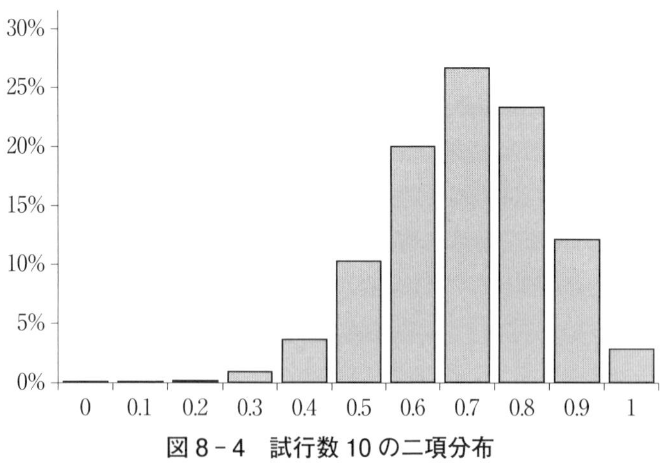

図 8－4　試行数 10 の二項分布

2）正規分布は連続型の確率分布のため、期待値の計算には積分を用います。

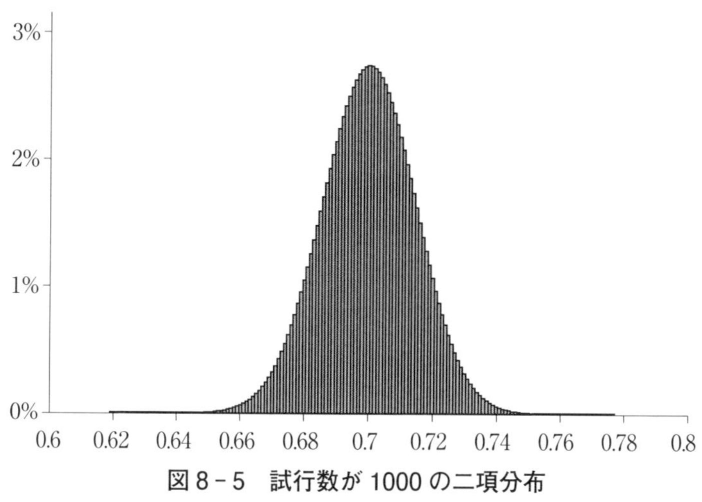

図8－5　試行数が1000の二項分布

続型確率分布は、1つ1つの実現値に対応する確率はすべて0になるという特殊な状況になります。

それでは、正規分布のような連続型確率分布では確率が扱えないのでしょうか。実は連続型確率分布の場合、実現値の値ではなく、その範囲と確率が対応します。たとえば図8－6の正規分布を例に解説します。平均0、分散1の正規分布の場合、実現値が0から1の範囲（斜線部分）に入る確率はおよそ34.1％となります。すなわち、確率分布の面積が確率と対応するのです。また、正規分布はパラメータが変わっても、実現値の範囲と確率の対応関係には一定の法則性があります。平均パラメータμを中心として、パラメータσの何倍分離れているかの範囲の実現値が発生する確率は一定です。仮に$\mu=5$、$\sigma^2=4$の正規分布の場合、$\sigma=2$となるので、5～7の範囲の値が発生する確率はさきほどと同じく34.1％となります。逆に、μを中心とした実現値の範囲が90％であるのは、$\mu \pm 1.68 \times \sigma$であることなども正規分布であれば一定です。後に母数の推定として標本分布の95%の範囲を利用しますが、その場合は$\mu \pm 1.96 \times \sigma$となります（図8－7）。この1.96という値は、今後よく出てくるので覚えておいてください。

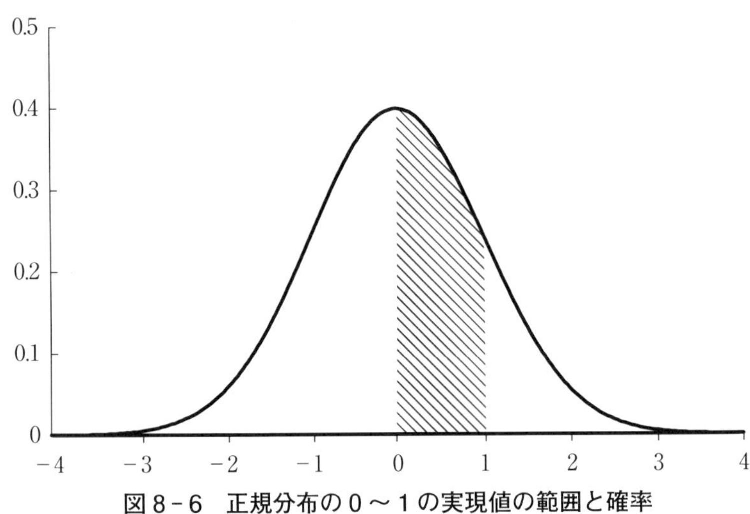

図8－6　正規分布の0～1の実現値の範囲と確率

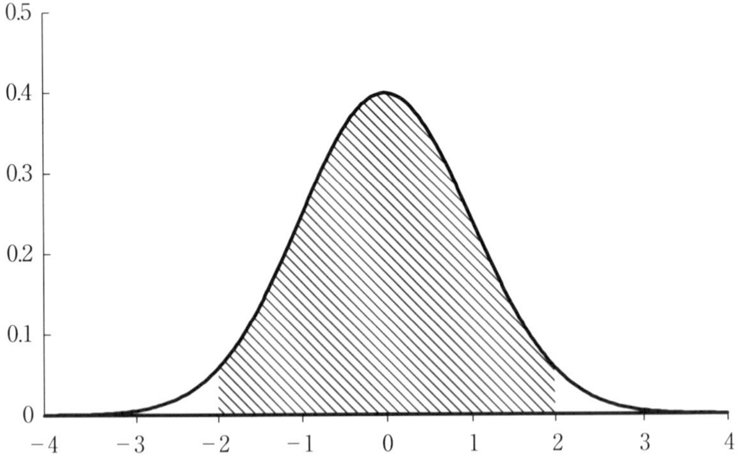

図8－7　正規分布の平均を中心にした95%の範囲

8.2　確率モデルを用いた推定

本節では、確率モデルとして正規分布を用いた推測統計学の方法を解説します。

8.2.1　確率モデルのパラメータ推測

前節で解説したように、確率分布のパラメータとは確率分布の表現力を高めるために、値を変化させることができる部分を指します。それに加えて、確率モデルにおけるパラメータは更に重要な意味があります。仮に母集団分布が厳密に正規分布の形状と一致しているとき、母数である母平均と母分散はそれぞれ、正規分布の平均パラメータと分散パラメータに一致します[3)]。つまり、適切な確率モデルが設定されているとき、母数を推定することは、確率モデルのパラメータがどのような値であるかを推測することと同じになります。

母数の推測を、確率モデルのパラメータの推測に置き換えることには、重要な利点があります。それは、母集団の大きさが無限であっても標本抽出を数学的に扱えるという点です。たとえば今回は１万個の缶詰の重さの集合を母集団として設定していますが、仮に将来作られる缶詰すべてを母集団としたい場合はどうでしょう。その場合は母集団のサイズが定まらないため、母数の定義が難しくなります。しかし、標本抽出を確率モデルで表現し、さらに推定対象を確率分布のパラメータとすることによって、母集団の大きさが無限であっても母集団の性質の推定が可能になります。このように、母集団を値の集合と考え、母数を推定するという枠組みから、確率モデルのパラメータを推定の対象とする枠組みにとらえなおすことで、推測統計学はさらに広い現象を扱えるようになるのです（図８-８）。

3）すべての確率分布に平均と分散パラメータがあるわけではありませんが、確率分布のパラメータが分かれば、その確率分布の平均と分散が計算できることがほとんどです。

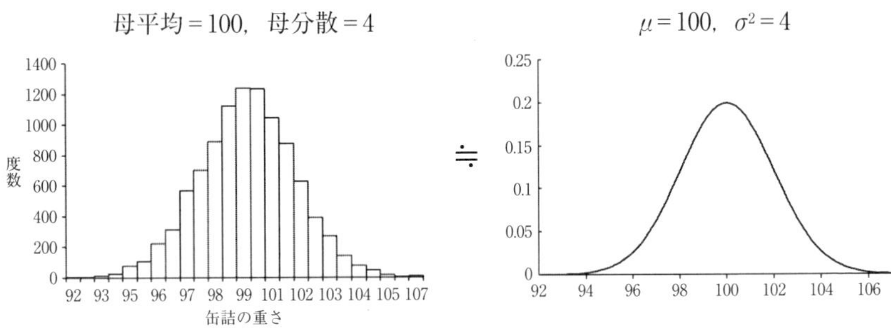

図８－８　母集団分布を確率モデルで近似する

なお、推測統計学では、確率モデルのパラメータはギリシャ文字で表すことが慣習となっています。それは、平均、分散を確率モデルと標本で同じ記号を使ってしまうとそれが確率モデルのパラメータなのか、標本統計量なのかの区別がつきにくいためです。以後、標本統計量はアルファベット、確率モデルのパラメータはギリシャ文字で表記すると覚えておきましょう。具体的には、正規分布の平均パラメータはμ、分散パラメータはσ^2と表記します[4)]。なお、μはアルファベットで言えばmに、σはアルファベットではsに対応し、それぞれ標本平均と標本標準偏差の記号と関係があるのが分かります。

8.2.2　正規分布モデルにおける標本平均の標本分布

確率モデルに正規分布を仮定することで、標本平均の標本分布を数学的に導くことができます。正規分布には、再生性という確率分布の性質を持っていることが知られています。再生性とは、その確率分布が従う確率変数の和が、もとの確率分布に従うという性質です。つまり、正規分布の従う確率変数の和、そして平均も、同様に正規分布に従います。

正規分布の再生性の定理によれば、確率モデルが平均μ、分散σ^2の

4）標準偏差を表すときはσと表記します。

正規分布のとき、標本平均の分布は、平均 μ、分散 σ^2/n の正規分布に従います（図8-9)。このことから、標本平均の期待値は確率モデルの平均パラメータ μ と一致することが分かります。さらに言えば、正規分布が母集団分布に十分近似できるなら、標本平均の期待値は母平均と一致します。以後、確率モデルは母集団分布を十分近似できているという仮定で解説を行います。すなわち、母平均 $=\mu$、母分散 $=\sigma^2$ とします。

標本平均の標本分布の分散が σ^2/n ということは、標準偏差は $\sqrt{\sigma^2/n}$ となります。つまり、標本サイズの平方根に比例して、標本分布の幅は小さくなっていきます。それはデータ全体の散らばりに対して標本平均の散らばりは、標本サイズが大きくなるにつれて小さくなることを意味しています。そこで、標本分布の標準偏差のことを、とくに**標準誤差**（**standard error**）といいます。標準誤差は、標本統計量が母数を中心に平均的にどれくらい確率的に変動するかを表す指標であり、推定の精度の指標でもあります。標準誤差は、SE という表記を使うことがあります。

標本サイズが大きいほど標準誤差が小さくなるため、標本平均は確率的に母平均に近くなっていくと言えます。また、標本分布が正規分布になることから、標本統計量が確率的にどの程度の範囲を取り得るかも計

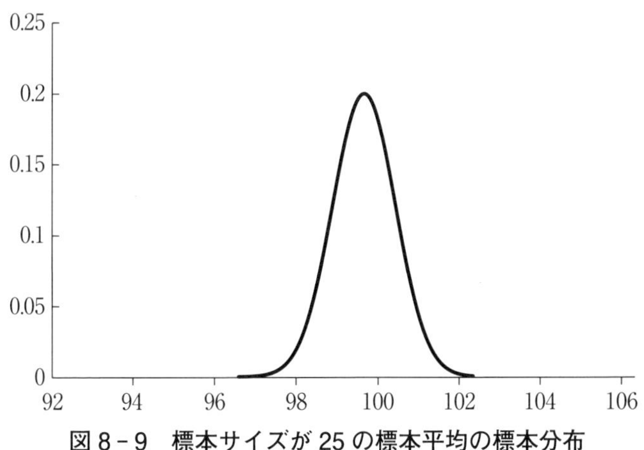

図8-9　標本サイズが25の標本平均の標本分布

算することができます。たとえば95%の範囲を考えるとき、標準誤差を SE と表記すると、標本平均は $\mu \pm 1.96SE$ の範囲に入ります[5)]。もし母平均が100、母分散が4ならば、標本サイズ25の標本平均は $100 \pm 1.96\sqrt{4/25}$ の範囲、つまりおよそ99.22～100.78に入る確率が95%であると言えます。

さて、これまでは、母平均と母分散が分かっているときに標本平均の標本分布がどうなるかについて論じてきました。しかし、例題では母分散が分かっているが母平均が分かっていない場合に、どのように母平均を推定したらいいか、が問題でした。標本平均からどのように未知の母平均を推定したらいいのでしょうか。

8.3　区間推定

本節では、標本を1つ得たとき計算される標本平均から、母平均を推定する方法について説明します。母数を標本から計算された1つの値によって推定することを**点推定**（point estimation）といいます。しかし、母平均を推定するといっても、ずばり母平均の値はこれだ、という言い方は難しいでしょう。なぜなら、標本サイズをどんなに大きくしても、標本平均は確率的に変動しますから、母平均と完全に一致することはほとんどありえません。点推定は推定の基本ではありますが、それだけでは十分ではありません。

8.3.1　信頼区間

それでは、区間を使って推定するのはどうでしょうか。母平均は95～105の間にあるなどと主張する方法です。推測統計学では、このように区間によって母数を推定する方法を**区間推定**（interval estimation）といいます。ただし、区間推定を使っても母数が確実にこの範囲に入る

5）標準誤差は標本分布の標準偏差であることを思い出しましょう。

ことを主張することはできません。なぜなら、標本統計量は母数からかけ離れたどんなに極端な値であっても、確率は低いですが、取り得るからです。そのため、区間推定では信頼度を定めます。**信頼度（degree of confidence）**とは、区間推定する際に、その範囲に母数が含まれる確率を意味します。そして、ある信頼度のもとで示される母数が含まれる区間のことを、**信頼区間（confidence interval）**といいます。たとえば95%の信頼度で区間推定をする場合、95%信頼区間を計算します。信頼度は目的によって変わりえますが、心理学では信頼度を95%に設定することが多いです。よって、今後は特に断らない限り、信頼区間は95%信頼区間を指しているとします。

信頼区間を計算するための考え方は、どのような母数であっても基本的には同じです。しかし、一般的な信頼区間の計算方法は手計算ではできないことが多いです。よって、研究者であっても信頼区間の計算はソフトウェアに任せています。ただ、本章で扱う標本平均の信頼区間は手計算でも簡単に求めることができます。

8.3.2　標本平均から母平均の信頼区間を計算する

1つの標本から、標本平均を計算し、そこから母平均がどれくらいなのかを考えます。本章の最初に提示した例に従って、母数の信頼区間を計算してみましょう。いま、1万個の缶詰から25個だけ重さを測ったところ、次のようなデータが得られたとします（図8-10）。標本平均は99.46、標本標準偏差は2.24です。

例では、母標準偏差が2、つまり母分散σ^2が4であることが分かっています。このことから、標本平均の標本分布は、期待値がμ、標準誤差が$\sqrt{\sigma^2/n}=\sqrt{4/25}=0.4$の正規分布となります。母平均は未知ですから、標本分布は厳密には分かりません。

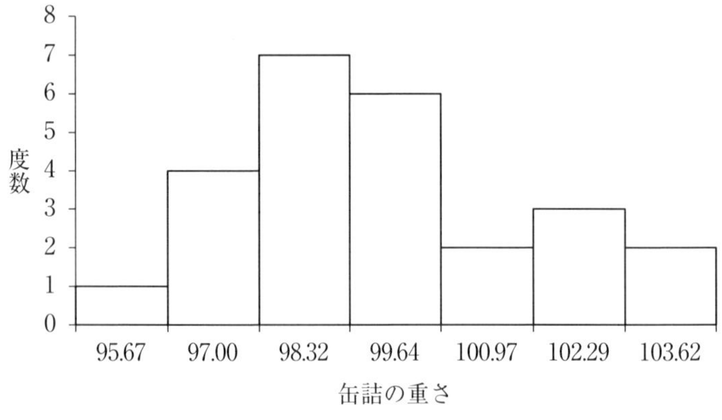

図 8 - 10　25 個の缶詰の重さのデータ

母平均を 95% の信頼度で区間推定するときには、次のように考えます。まず、「今回得られた標本統計量が 95% の信頼度で否定されない母数の範囲」を考えます。それは、図 8 - 11 のように標本平均 99.46 が標本分布の 95% 上限ギリギリになるような母数と、標本分布の 95% 下限ギリギリになるような母数の範囲となります。これが 95%信頼区間で

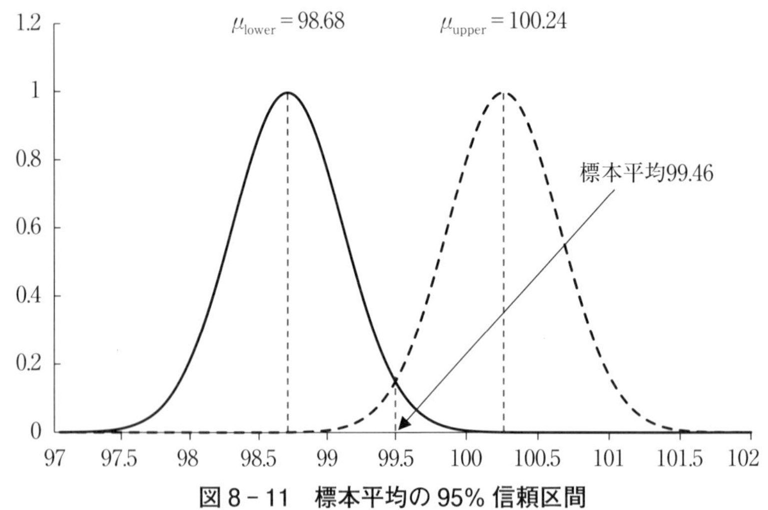

図 8 - 11　標本平均の 95% 信頼区間

す。

95%信頼区間を具体的に計算してみましょう。母平均が何であっても、標本平均の場合は標本分布が同じ標準誤差になります。すなわち、先ほど計算したように$\sqrt{4/25}=0.4$です。99.46が標本分布の95%ギリギリとなるような下限と上限の母数は標本分布の95%の範囲の計算の逆を考えればよく、それぞれ、

$$\mu_{\text{lower}}=99.46-1.96\times 0.4=98.68$$
$$\mu_{\text{upper}}=99.46+1.96\times 0.4=100.24$$

となります。このことから、確率モデルが正規分布で十分近似できる場合、母平均は95%の信頼度で98.68 ～ 100.24の範囲に入ることが分かります。

このように推測統計学では、信頼区間を用いて母数がおおよそどのような値であるかを推測することができます。ただ、注意が必要なのは、信頼区間も標本から計算された統計量だということです。つまり、信頼区間も、標本平均と同様に標本抽出によって確率的に変動する確率変数です。信頼区間はあくまで設定した信頼度の確率で、標本変動を考慮しても母数を含むということに留意する必要があります。

8.4　まとめ

本章では、母集団分布を確率モデルで近似する方法を学習しました。確率モデルを使うことで母集団の具体的な値が分からなくても母数について推定することが可能になります。しかし、本章の例では母分散が分かっているという特殊な状況でした。次章では、母分散が分からない場合の母平均の推定について学びます。

学習課題

次のデータの母平均についての 95% 信頼区間を計算しましょう。ただし、母集団分布は正規分布で母分散は 4 であるとします。次に、ソフトウェアを用いて計算し、確認しましょう。

ID	X
A	2
B	6
C	7
D	3
E	4
F	5

参考文献

・南風原朝和（2002）『心理統計学の基礎―統合的理解のために―』有斐閣

9 母平均の区間推定

清水　裕士

《目標＆ポイント》 第８章では、母分散が分かっているときの母平均の推定について学びました。本章では、母分散が分からないときの母平均の信頼区間の推定方法を学びます。そのために、まず推測統計学の基本となる、推定量の考え方について解説します。
《キーワード》 推定量、推定値、不偏性、母分散が未知のときの区間推定、標準化、標準正規分布、t 分布、t 値、自由度

9.1 推定量の性質

前章で学んだように、標本平均は、その標本分布の期待値が母平均に一致するという性質を持っていました。一見、そのような性質は当たり前のように思えるかもしれませんが、同じような性質を持っている統計量は実はそれほど多くはありません。

本節では、標本統計量を用いて母数を推定するとき、その統計量が持っている性質について解説します。

9.1.1 推定量と推定値

ここで、推定量と推定値という言葉を定義します。**推定量**（estimator）とは、母数を推定するための標本統計量のことです。標本統計量は確率変数ですから、推定量も同様に確率変数です。そして、**推定値**（estimate）とは、実際に標本から計算された推定量の具体的な値のことです。つま

り、推定量の実現値のことを指します。たとえば、標本平均によって母平均を推定するとき、標本平均が母平均の推定量となります。そして、ある標本から計算された、母平均を推定するための標本平均の値が推定値です。

これから解説する推定量の性質は、推定量が確率変数であることを踏まえ理解する必要があります。具体的には、確率変数であるということは確率的に異なる値が出る可能性があるため、その性質は期待値や分散によって表されるということです。

また、本章でも母集団分布が正規分布によって十分近似できるという前提で解説を進めます。よって、母平均と母分散は正規分布の平均パラメータ μ と分散パラメータ σ^2 と一致しているとし、母平均を μ、母分散を σ^2 と表記します。

9.1.2　不偏性

繰り返しになりますが、標本平均の標本分布の期待値が母平均と一致していました。このように、推定量の期待値が母数と一致する性質を**不偏性**（unbiasedness）といいます。また、不偏性を持つ推定量のことを**不偏推定量**（unbiased estimator）といいます。不偏性とは偏りがない、という意味です。具体的に言えば、標本平均 $\bar{x}$ が母平均 μ の不偏推定量であるとは、

$$\mu - E(\bar{x}) = 0$$

というように、母数と推定量の期待値が一致していることから、偏りがないことを意味しているのです。

それでは、標本平均以外に、どのような推定量が不偏性を持っているのでしょうか。実は、標本分散、標本標準偏差、標本相関係数などは、

それらに対応する母数に対する不偏推定量ではありません。以下では、標本分散を例に、不偏性を持たない理由やその不偏推定量が何かについて解説します。

9.1.3　不偏分散

先述のように、標本分散は不偏推定量ではありません。すなわち、標本分散の期待値は、母分散と一致しないのです。まずはそれを確認するためにシミュレーションをしてみました。母平均 100、母分散が 4 で、標本抽出が正規分布に従うとして、標本サイズ 25 の標本分散を 50000 回抽出するシミュレーションをしました。その結果が図 9 - 1 です。母分散が 4 にもかかわらず、50000 個の標本分散の平均はおよそ 3.85 となり、4 より小さい値となりました。

なぜこのようなことが起こるのでしょうか。それは標本分散を計算する式を見てみると分かります。標本分散は、

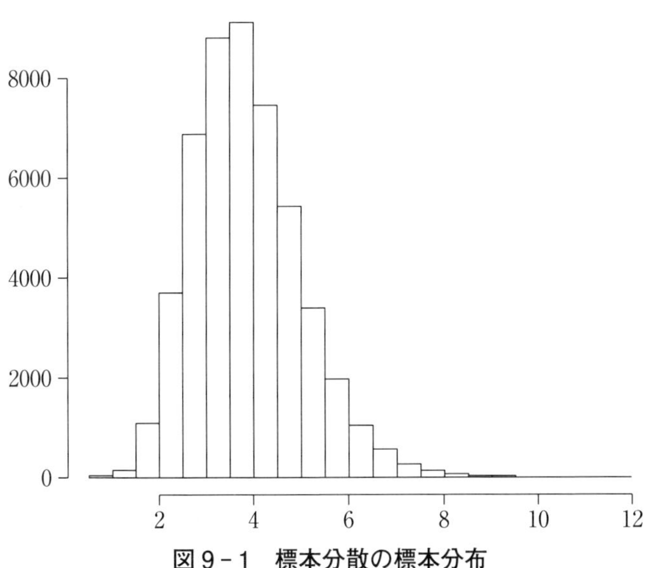

図 9 - 1　標本分散の標本分布

$$s^2 = \frac{1}{n}\sum_{i=1}^{n}(x_i - \bar{x})^2$$

で計算されます。式をみると、偏差の計算のときに標本平均 $\bar{x}$ が使われていますが、標本平均自体も標本抽出の確率的な変動の影響を受けています。したがって、偏差を計算するとき標本平均の変動の分だけ実際よりも小さく推定されてしまうのです。なぜなら、標本平均はその標本から計算されているため、実際の母平均よりも標本のデータ全体に近くなってしまうからです。もし、分散を計算するときに標本平均ではなく母平均を使った場合、その期待値は母分散に一致します[1)]。

では、標本分散の期待値はどれほどバイアスがあるのでしょうか。それは、上記のように標本平均がどれほど変動するか、すなわち、標本平均の標本分布の分散だけバイアスが生じることになるのです。つまり、

$$\sigma^2 - E(s^2) = \frac{\sigma^2}{n}$$

となります。この式から、母分散に対する不偏推定量が計算できます[2)]。母分散に対する不偏推定量を、特に**不偏分散**（unbiased variance）と呼び、u^2 と表記します。また不偏分散は、

1）実際に 50000 回のシミュレーションしてみると 4.01 になりました。

2）上記の式から、

$$\sigma^2 - E(s^2) = \frac{\sigma^2}{n}$$

$$\sigma^2 - \frac{\sigma^2}{n} = E(s^2)$$

$$\sigma^2\left(\frac{n-1}{n}\right) = E(s^2)$$

$$\sigma^2 = \frac{n}{n-1}E(s^2)$$

$$\sigma^2 = E\left(\frac{n}{n-1}s^2\right)$$

となり、$\frac{n}{n-1}s^2$ が母分散に対する不偏推定量となります。なお、上の計算では期待値の線形性の性質を利用しています（第８章参照）。

$$u^2=\frac{n}{n-1}s^2=\frac{n}{n-1}\frac{1}{n}\sum_{i=1}^{n}(x_i-\bar{x})^2=\frac{1}{n-1}\sum_{i=1}^{n}(x_i-\bar{x})^2$$

と計算できます。不偏分散は、偏差二乗和を標本サイズ n で割るところを代わりに $n-1$ で割ることで得られます。よって、不偏分散は標本分散よりやや大きい値になることが分かると思います。実際に先ほどと同じく 50000 回のシミュレーションをして不偏分散の分布を見てみると、図 9 - 2 となります。見た目はあまり変わりませんが、平均値は 4.01 と母分散に近くなりました。

それ以外の標本統計量、たとえば相関係数も不偏推定量の近似値が提案されています。ただ、標本相関係数はバイアスがあるにも関わらず、多くの場合は不偏推定量ではなくてそのまま標本相関係数が報告されることが多いです[3)]。しかし、分散について特に不偏推定量が問題とされるのは、次節で解説する母分散が分からないときの母平均の推定のときに、不偏分散が必要となるからです。

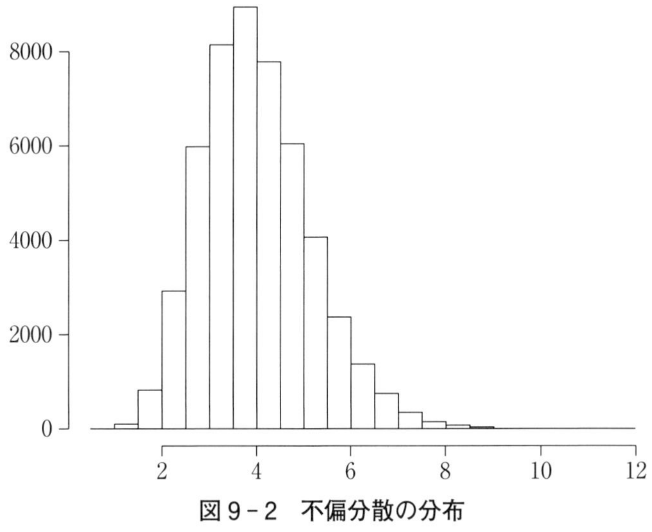

図 9 - 2　不偏分散の分布

3）相関係数の不偏推定量については、第 10 章の脚注 2 を参照してください。

9.2　母分散が分からないときの母平均の推定

第８章では母分散が分かっているときの母平均の推定方法を学びましたが、実際に母分散が分かっていることはほとんどありません。第８章の例題を少し変えて、次のような例を考えましょう。

【例】

ある工場で製造された缶詰が１万個倉庫にあります。この工場では缶詰を製造するとき、その重さは正規分布に従うことが分かっています。いま、製品チェックの担当者は、25 個の缶詰の重さを測って、この工場で何 g の設定で缶詰が製造されているかを推定したいと考えています。25 個の缶詰の重さの平均値は 99.46g、標準偏差は 2.24g でした。

第８章の段階では重さが正規分布に従うとは明記されていませんでしたが、すでに学んだように、標本抽出がどのような確率モデルで近似できるかについて十分自覚しておくことが必要です。

データの標本平均は 99.46、標本標準偏差は 2.24 です。母平均 μ と母分散 σ^2 は分かりません。このようなとき、どのようにして母平均に対する信頼区間が計算できるでしょうか。復習になりますが、標本平均の標本分布は確率モデルとして正規分布が十分近似できるとき、期待値が母平均 μ、標準誤差が $\sqrt{\sigma^2/n}$ の正規分布に従います。母分散が分かっていれば、得られた標本平均が 95% 上限、下限となるような標本分布を考え、その母数の範囲が 95% 信頼区間となるのでした。このように、信頼区間は母集団の値がどれほど散らばっているかに依存するため、それが分からないときは推定が困難であろうことが分かります。

そこで、母分散に依存しない統計量が計算できれば、母分散が分からなくても信頼区間が計算できそうです。そのためには、標準化という手続きについて学ぶ必要があります。少し回り道に見えますが、推測統計学の基礎を学ぶ上で必須の内容ですので、しばらく辛抱して読み進めてください。

9.2.1　標準化得点と標準正規分布

標準化とは、変数の平均と標準偏差を基準化することで、比較可能な得点に変換することを言います。たとえば、国語の点数が 80 点、数学の点数が 60 点のとき、どっちの教科が「良い成績」だったと言えるでしょうか。素点だけを見れば国語の方がよく見えます。しかし、数学のほうが難しく、みんなの点数が悪くて、その中でも 60 点というのはとてもいい点数なのかもしれません。あるいは、実は国語のテストは 100 点満点で、数学テストは 60 点満点である可能性もありえます。その場合は、1 点の意味さえ変わってくるでしょう。このように変数の値を比較するためには、変数の平均値、標準偏差を揃えておく必要があります。

標準化した得点として読者のみなさんが馴染み深いのは，大学入試の難しさの指標として使われる偏差値かもしれません。偏差値は、平均値が 50、標準偏差が 10 に揃えられた指標です。これにより、それぞれの大学のテストが違ったとしても、合格する学生がどれくらいの偏差値であれば合格しそうかの目安を知ることができます。

ある標本のデータを標準化したいとき、標本平均 $\bar{x}$ と標準偏差 s を使って次のように

$$z = \frac{x - \bar{x}}{s}$$

と計算します。このとき、z は**標準化得点**（standardized score）と呼

びます。前頁の式で標準化した得点は、平均が0、標準偏差が1になります。

標準化は、確率変数に対しても同様に行うことができます。特に、正規分布に従う確率変数の場合、次のような性質があります。平均μ、分散σ^2の正規分布に従う確率変数Xを、

$$Z=\frac{X-\mu}{\sigma}$$

という新しい確率変数Zに変換したとき、Zは平均0、分散1（すなわち標準偏差も1）の正規分布に従います[4)]。とくに、平均0、分散1の正規分布を**標準正規分布**（**standardized normal distribution**）と呼びます。標準正規分布は、Zが0 ± 1.96の範囲と95%が対応します。

次に、標本平均を標準化することを考えます。今回の例題では母集団の分布が正規分布に近似できますので、標本平均の標本分布は、期待値が母平均μ、標準誤差が$\sqrt{\sigma^2/n}$の正規分布になります。そこで、確率変

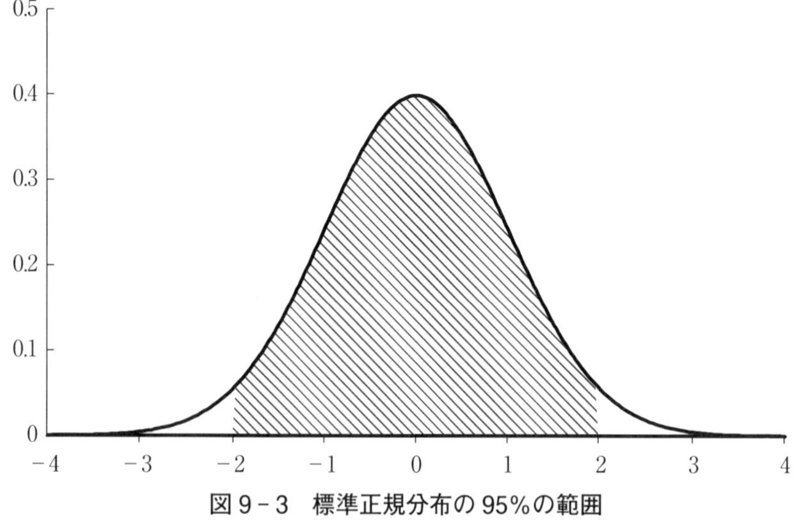

図9－3　標準正規分布の95%の範囲

4）これは、正規分布の線形変換の性質によって可能です。すべての確率変数で成り立つわけではありません。

数である標本平均を標準化すると、

$$z=\frac{\bar{x}-\mu}{\sqrt{\sigma^2/n}}$$

という標準化された確率変数となります。z は前述の正規分布の性質から、標準正規分布に従います。z は標本だけから計算できる量ではないので、標本統計量ではなく、あくまで理論的なものである点に注意しましょう。

9.2.2　t 分布

標本平均を標本分布の期待値と標準誤差を用いて標準化した確率変数として、z という量を考えました。ただし、z は母平均と母分散が分からなければ計算ができません。そこで、母分散 σ^2 の代わりに、不偏分散 u^2 を用いて

$$t=\frac{\bar{x}-\mu}{\sqrt{u^2/n}}$$

という量を考えます。t は z と同様に確率変数で、その実現値を **t 値**（t value）と呼びます。t は、母分散の代わりに不偏分散を用いているので、標準正規分布には従いません。なぜなら、母分散 σ^2 は定数ですが、不偏分散 u^2 は標本抽出の変動の影響を受ける確率変数です。よって、t は z よりも不偏分散の確率的なゆらぎがより大きくなる分布となるからです。その代わりに t は **t 分布**（t distribution）と呼ばれる、標準正規分布によく似た分布に従うことが知られています。t 分布には**自由度**（degree of freedom）と呼ばれるパラメータがあり、図9-4のように分布の形が変化します。

t 分布の自由度は、標本サイズによって変わります。上記の式で計算される t の場合、自由度は $n-1$ で計算できます。すなわち標本サイズ

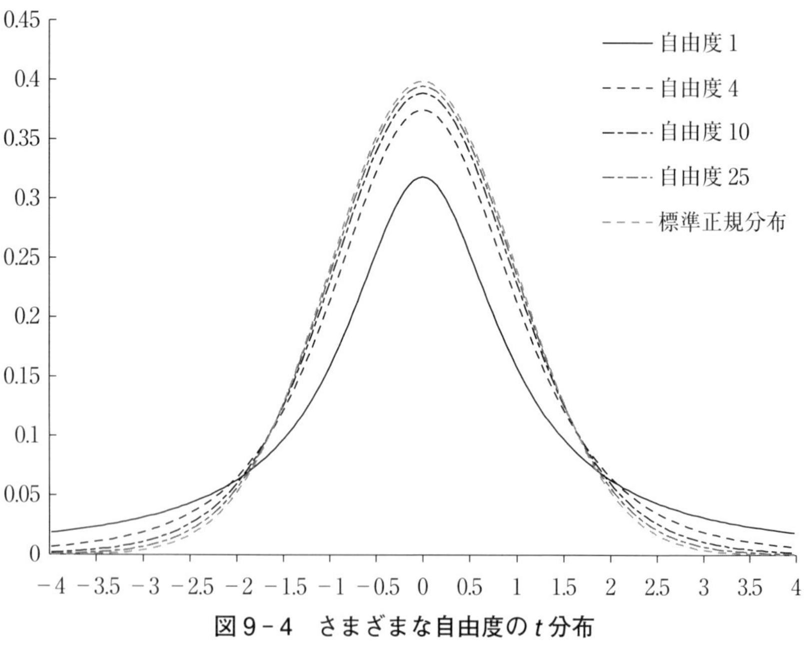

図 9－4　さまざまな自由度の t 分布

が 25 の場合は、t は自由度 $25-1=24$ の t 分布に従います。t 分布は自由度が大きくなると徐々に標準正規分布に近づいていきます。それは、z を計算する式において母分散の代わりに使った不偏分散が、標本サイズが大きくなるにつれて母分散に近づいていくことからも理解できます。自由度が 100 以上になると、標準正規分布とほとんど違いがなくなります。しかし、自由度が 10 以下の場合は、標準正規分布と見た目にも違い、より幅の広い分布であることが分かります。

t 分布においても、標準正規分布と同様 95％に対応する区間を知ることができます。ただし、t 分布には自由度というパラメータがあるため、t がどの区間で 95％となるかは自由度の値によって変わります。自由度が 4 のときはおよそ 0 ± 2.78、自由度が 10 のときはおよそ 0 ± 2.23、自由度が25のときはおよそ0±2.06です。また、自由度が100と大きいとき、およそ0±1.98となり、自由度が大きくなるにつれて標準正規分布の0±1.96に近づいていきます。

9.2.3　tを用いた信頼区間の計算

さて、このtはその計算式に母分散が含まれていない統計量です。ただ、依然として計算式に母平均μが含まれているため、標本からt値を計算することはできないように思えます。しかし、tがt分布に従うという性質を利用することで、以下のように信頼区間を計算することができます。

いま、得られた標本平均$\bar{x}$から母平均μの95%信頼区間を計算することを考えます。母分散が分かっているときと同様、今回得られた標本平均が得られる確率がギリギリ95%上限と下限の母数の区間を計算すればいいのですが、標本平均の標本分布が分からないので、まったく同じ方法というわけにはいきません。そこで、母数をどの範囲で考えれば、今回得られた標本平均から計算されるt値が95%の範囲にギリギリ入るのかを考えます。母数の区間の下限をμ_Lとすると、μ_Lのもとで今回の標本平均から以下のように

$$t=\frac{\bar{x}-\mu_L}{\sqrt{\frac{u^2}{n}}}$$

とt値が計算されます。t値は母数の区間の下限μ_Lのもとでの標本分布の95%上限に位置するのですから、自由度が決まればその値は決まります（図9-5）。それは、t値が最も小さい値からみて累積確率が97.5%の位置となります。t値が決まれば、μ_Lも計算が可能となります。

自由度が$n-1$の95%上限のt値を$t_{0.975}(n-1)$と表記する[5]と、μ_Lは

5）0.975という値は、95%の範囲の上限を表しています。なぜなら、95%範囲は左から2.5%、右からも2.5%を省いた区間ですから、実現値が小さい側（$-\infty$）から考えると97.5%の地点となります。

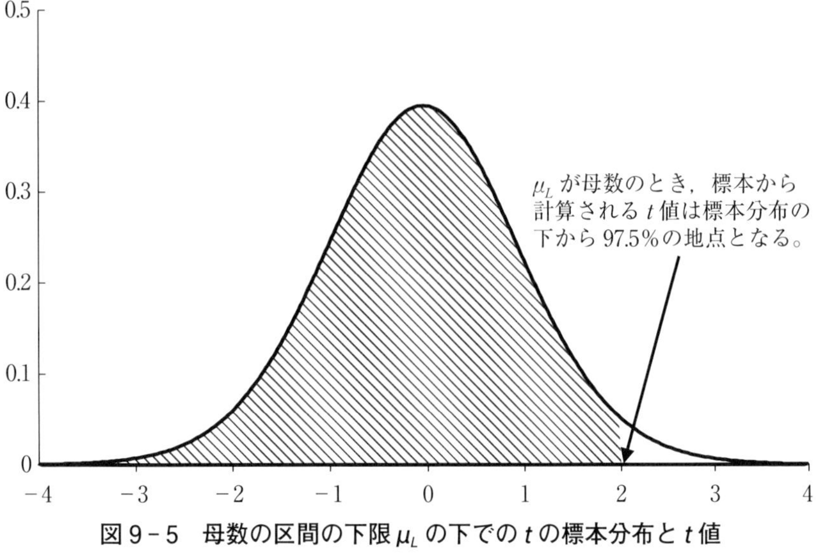

図 9－5　母数の区間の下限 μ_L の下での t の標本分布と t 値

$$\mu_L = \bar{x} - t_{0.975}(n-1)\sqrt{\frac{u^2}{n}}$$

で計算できます。同様に、μ_U については、95%下限の t 値を考えるので、$t_{0.025}(n-1)$ を用いて、

$$\mu_U = \bar{x} - t_{0.025}(n-1)\sqrt{\frac{u^2}{n}}$$

となります。ただし、t 分布は左右対称の分布のため、$t_{0.025}(n-1)$ は $t_{0.975}(n-1)$ と符号が逆になるだけです。よって、

$$\mu_U = \bar{x} + t_{0.975}(n-1)\sqrt{\frac{u^2}{n}}$$

とも書けます。よって、母平均の 95％信頼区間は

$$\bar{x} \pm t_{0.975}(n-1)\sqrt{\frac{u^2}{n}}$$

とまとめて書くことができます。

9.2.4　信頼区間の計算例

140 ページの例をもとに具体的に考えていきましょう。いま標本サイズ 25 の缶詰の重さを測ったとき、平均値が 99.46、標準偏差が 2.24 でした。よって不偏分散 u^2 は

$$u^2 = \frac{n}{n-1} s^2$$

で計算できますから、

$$\frac{25}{25-1} \times 2.24^2 \fallingdotseq 5.23$$

です。そして例の $n=25$ の場合、自由度は $n-1=24$ ですから、t 分布の 95％の範囲はおよそ 0 ± 2.06 です。よって、$t_{0.975}(24)=2.06$ となります。上の式にそれぞれを代入すると、

$$\mu_L = 99.46 - 2.06\sqrt{\frac{5.23}{25}}$$

$$\mu_U = 99.46 + 2.06\sqrt{\frac{5.23}{25}}$$

となり、計算結果は $\mu_L = 98.52$、$\mu_U = 100.40$ となります。

95％信頼区間を報告するときは、まず母平均の点推定値を報告し、そのあとに信頼区間を［］内に書きます。具体的には、

$$\hat{\mu}=99.46,\ 95\%\mathrm{CI}[98.52,\ 100.40]$$

と書きます。CI は confidence interval の略です。

コラム

自由度の意味

推測統計学では、たびたび自由度という言葉が出てきます。t 分布や χ^2 分布、F 分布などの確率分布で使われます。そもそも自由度は以下で解説する χ^2 分布のパラメータです。そして、t 分布や F 分布はその導出に χ^2 分布を用いるため、そのパラメータが引き継がれているのです。この意味を理解するのはやや難しいですが、以下に簡潔に説明します。

標準正規分布に従う m 個の確率変数 Z の二乗和を考えます。すなわち、

$$\chi^2=\sum_{i=1}^{m} Z_i^2=\sum_{i=1}^{m}\left(\frac{X_i-\mu}{\sigma}\right)^2$$

となるような確率変数 χ^2 です。これは、χ^2 分布と呼ばれる確率分布に従うことが知られています。また、χ^2 分布はいくつの Z の二乗和であるかを表す m をパラメータとして持ちます。この m を χ^2 分布の自由度といいます。自由度が大きくなると、χ^2 分布は正規分布に近づいていきます。

また、母平均 μ の代わりに、標本平均 $\bar{X}$ を用いたとき、

$$\chi^2=\sum_{i=1}^{m}\left(\frac{X_i-\bar{X}}{\sigma}\right)^2$$

は、自由度 $m-1$ の χ^2 分布に従います。なぜ自由度が1つ小さくなるかというと、$X_i-\bar{X}$ は、$\bar{X}$ が X 自身によって計算されているため、実際には独立した確率変数が $m-1$ 個しかないためです。

t 分布は標準正規分布に従う z と、χ^2 分布に従う χ^2、そして自由度 m を使って、

$$t = \frac{z}{\sqrt{\chi^2/m}}$$

で計算される t が従う分布です。よって、t 分布にも χ^2 分布のパラメータである自由度が使われます。不偏分散を用いて標準化された平均値が自由度 $n-1$ の t 分布に従うのは、これらの理由からです。

学習課題

次のデータの母平均についての 95% 信頼区間を計算しましょう。ただし、母集団分布は正規分布であるとします。また、$t_{0.975}(5)=2.57$ です。次に、ソフトウェアを用いて計算し、確認しましょう。

ID	X
A	2
B	6
C	7
D	3
E	4
F	5

参考文献

- 皆本晃弥（2015）『スッキリわかる確率統計―定理のくわしい証明つき―』近代科学社

10　2変数の関係を表す統計量の推定

平川　真

《目標＆ポイント》　第4章で学んだ2変数の関係を表す統計量について、第7章から第9章で学んだ推測統計学の原理に基づいて、手元のデータの2変数の関係性から母集団の2変数の関係性を区間推定する方法を学びます。95% 信頼区間は「今回得られた標本統計量と整合的な母数の範囲」であることを、2変数の関係を表す統計量を例に確認し、理解を定着させることが目標です。また、信頼区間は確率変数であり、抽出される標本によってその値が異なることを理解することが重要です。
《キーワード》　相関係数、クラメールの連関係数、区間推定

10.1　標本の相関係数から母集団の相関係数を推定する

第7章から第9章では、推測統計学の知識があれば、手元にある（相対的に少ない）データから、必要な精度で知りたい対象である母集団の性質について知ることができることを学びました。大きな観点から見れば、第7章から第9章で学んだ「1変数の平均値」についての推測という内容が、「2変数の関係性」という指標に変わっただけで、基本的な考え方は同じです。まず、心理学的研究で用いられることが多い2つの変数が量的変数の場合を取り上げ、相関係数の区間推定について、その考え方や 95% 信頼区間の意味を詳細に説明します。

標本の相関係数から母集団の相関係数を推定する方法を説明します。母集団の相関係数を ρ（ローと読みます）と表記し、標本の相関係数を r と表記します。母相関係数 ρ の推定量が、標本相関係数 r です。第7

章で学んだ、母集団から標本を抽出して、標本の特徴から母集団の特徴を推測するという推測統計の一般的な枠組みを、今回の問題に当てはめたものが図 10 - 1 です。

ここでは 10 万個の 2 変数（x, y）のデータを母集団とし、そこから単純無作為抽出によって、50 個のデータを標本として抽出することを考えます。母集団において、x と y は 0.70 で相関しています。この値が知りたい母相関係数です。母相関係数について推測するために、標本サイズ 50 のデータを取ります。この標本において相関係数を求めると、$r=0.71$ という値が得られました。実際に私たちが得ることができるのは、ある標本における相関係数です（これを標本統計量の実現値と呼ぶのでした）。この値から、知りたい対象である母集団の相関係数を推測することになります。

10.2　相関係数の標本分布

10.2.1　確率変数としての標本相関係数

単純無作為抽出によって母集団から標本を得るので、標本統計量であ

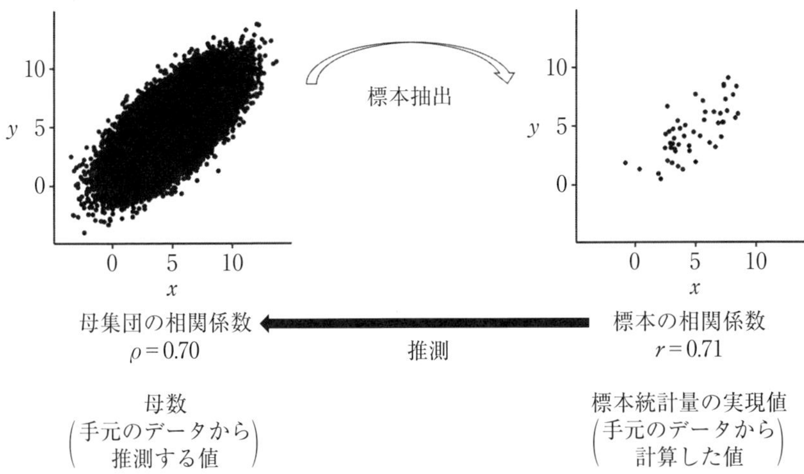

図 10 - 1　ある標本の相関係数（標本統計量の実現値）から母集団の相関係数（母数）を推測する

る標本相関係数の実現値は、抽出する標本によって異なる値になります。第 7 章（pp.111-113）で学んだ、「標本統計量は確率変数である」ということを思い出してください。標本統計量の実現値が得られる確率を表したものを標本分布と呼ぶのでした（第 7 章；pp.113-117）。

具体的に確認しましょう。図 10 - 2 は、10 万個の 2 変数（x, y）のデー

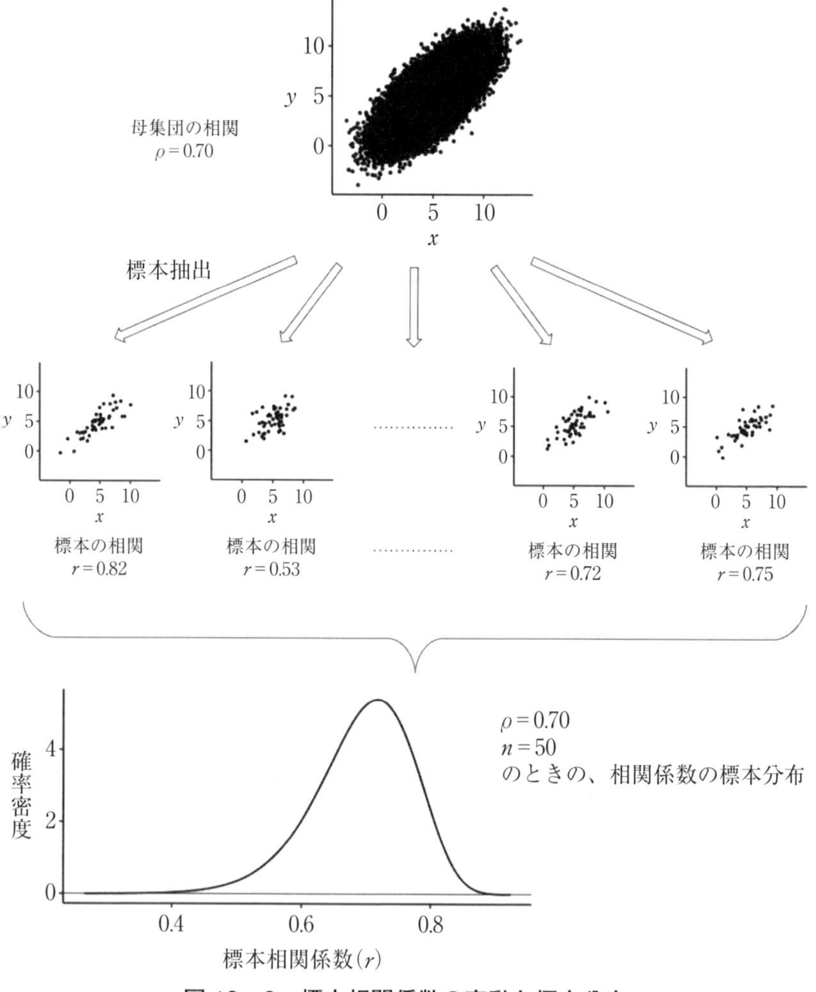

図 10 - 2　標本相関係数の変動と標本分布

タを母集団とし、そこから単純無作為抽出によって、50個のデータを標本として抽出することを繰り返すことを示したものです。図の中段に例として4つの標本について、それぞれの標本における相関係数の実現値を示しています。一番左の標本では$r=0.82$、一番右の標本では$r=0.75$と、各標本の相関係数の実現値は同じ値ではありません。このように標本相関係数は、抽出される標本によって変動します。

図10-2の下に示した分布は、$\rho=0.70$、$n=50$のときの標本相関係数の標本分布です。すなわち、母相関係数が0.70と仮定した場合に、標本サイズ50の標本抽出を繰り返したときに、標本相関係数の実現値の生じやすさを確率で表したものです。0.70付近に分布のピークがあり、0.70付近の標本相関係数が得られやすいことが分かりますが、0.60や0.80といった標本相関係数もそれなりに得られやすいことが分かります。また、0.40といった値はほとんど得られないことも分かります。

繰り返しになりますが、ここで重要なのは、特定の母相関係数を持つ母集団から標本を抽出したときに、その標本において計算される標本相関係数はさまざまな値を取り得るということです。母相関係数が0.70の場合に、得られる標本相関係数が常に0.70となるわけではありません。母相関係数に近い値の標本相関係数は得られやすく、極端に離れた値の標本相関係数が得られることは稀ですが、得られる標本相関係数は標本によって変わります。そして、母相関係数と標本サイズを固定した場合において、得られる標本相関係数の確率的な変動を表したものが標本相関係数の標本分布です。

10.2.2　相関係数の標本分布の形状

標本分布は、得られた標本から母数を区間推定する際に非常に重要です。標本分布が分からない場合、標本統計量が確率的にどれくらいの範囲に散らばるかが分からないためです。第8章で学んだように、標本分布を導出するために、母集団からある値が標本として選ばれる標本抽出過程について、既知の確率分布を仮定します。標本相関係数の標本分布を導出するためには、2つの変数が2変量正規分布に従うことが仮定されます[1)]。この仮定があることで、標本相関係数の標本分布が数学的に導出できますが、その確率密度関数は複雑なので、ここでは標本相関係数の標本分布の形状を把握しましょう。

図10-3では母相関係数が0.00および0.60の場合の標本相関係数の標本分布を示しています。また、標本サイズも変化させて、実線は$n=20$のときの、破線は$n=100$のときの標本相関係数の標本分布を示しています。

標本分布の標準偏差を標準誤差SEと呼ぶのでした。母相関係数ρの推定量としての標本相関係数rの標準誤差は、母相関係数の絶対値が大きくなるほど、そして、標本サイズが大きくなるほど、小さくなります。図10-3で視覚的に確認しましょう。母相関係数が0.00の場合と0.60の場合を比べると、母相関係数の絶対値が大きい場合のほうが標本分布

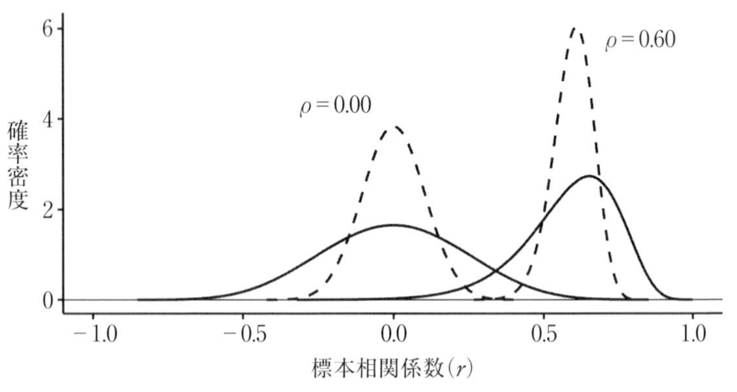

図10-3　標本相関係数の標本分布

1）2変量正規分布については、南風原（2002; pp.112-114）を参照してください。ただし、以降の説明では、標本相関係数の標本分布を導出するために、確率モデルとして2変量正規分布が仮定されていることを知っておくだけで十分です。

の幅が狭くなっています。また、それぞれの標本相関係数の標本分布において、標本サイズが大きい場合（破線）のほうが標本サイズが小さい場合（実線）に比べて、標本分布の幅が狭くなっています。

標本分布は標本統計量についての確率分布です。標本分布の幅が広いということは、手元のデータから計算された相関係数は、同じ標本サイズのデータを取るたび、広い範囲で変化しうるということです。強調しますが、得られたデータから計算される標本相関係数は、確率的に変動する値であるということを、しっかりと覚えておきましょう。

10.3 母相関係数の推定

10.3.1 母相関係数の点推定

得られたデータに基づき、母数の値を1つの値で推定することを点推定というのでした。母相関係数 ρ の推定量として標本相関係数 r を用いるので、点推定においては、得られたデータから計算される標本相関係数の値を母相関係数の推定値とすることになります[2)]。最初に示した概略図10‐1の設定において点推定は、標本抽出した50個のデータから計算されるその標本の標本相関係数（標本統計量の実現値）$r=0.71$ をもって、「母相関係数は0.71だ」と考えるということです。

図10‐1の設定において母相関係数は0.70なので、母相関係数を0.71

2）標本相関係数は、母相関係数の不偏推定量ではありません。標本相関係数の期待値 $E(r)$ は近似的に、

$$E(r)=\rho-\frac{\rho(1-\rho^2)}{2n}$$

によって求まります。母相関係数が0か±1以外のときには、第2項が0とならないことから、標本相関係数の期待値は母相関係数 ρ に一致しません。標本相関係数は母相関係数の不偏推定量ではありませんが、簡単な形の不偏推定量がないため、偏りのある標本相関係数を推定量として用いることが多いようです（南風原, 2002; p.128）。

母相関係数が約 $|0.58|$ のときに、偏りの絶対値が最も大きいのですが、標本サイズが大きくなるにつれて偏りは小さくなります。たとえば、母相関係数が0.58のとき、標本サイズが50であれば、偏りは約0.004です。

と推定するのはうまくいっているように思えます。しかし、標本相関係数は標本統計量なので確率変数です。図 10－2 のように標本抽出をするたびに、得られる標本相関係数の実現値は異なります。一番左のデータが得られた場合には、標本相関係数の実現値は 0.82 ですから、点推定をするということは「母相関係数は 0.82 だ」と考えることになります。同様に、左から 2 番目のデータが得られた場合には、0.53 という標本相関係数の値から「母相関係数は 0.53 だ」と考えることになります。これらの点推定値は母相関係数の 0.70 からは少し外れているように思えます。

図 10－2 では説明のために、「母相関係数の値が既に分かっている」という現実にはあり得ない状態で説明をしています。実際には、図 10－2 中段の左から 2 番目のデータから得られた標本相関係数に基づいて「母相関係数は 0.53 だ」と考えたとしても、それが母相関係数からどの程度離れているかということは、母数の値が分からない以上、実際には分かりません。

重要なことは、標本統計量は確率変数であるため、点推定の場合には、推定に使うデータが変われば、その推定値も変わるということです。このことを考慮すれば、特定の標本から算出された標本相関係数を母相関係数の推定値として報告するよりも、標本抽出による標本相関係数の変動の程度を考慮して、「おそらくこの値からこの値の範囲に母相関係数がある」というような、推定に幅をもたせて報告するほうが望ましいでしょう。

10.3.2　母相関係数の区間推定

得られたデータに基づいて、母数の値を特定の値ではなく、ある一定の区間で推定することを区間推定というのでした。たとえば、母相関係数について、0.38 から 0.52 の範囲というように幅をもたせて推定する方法です。ある一定の区間として、「あらかじめ定められた確率で母数を含む区間」を考えます。「あらかじめ定められた確率」を信頼度といい、その確率で母数を含むと推定される区間を信頼区間というのでした（第 8 章；pp.130-131）。心理学では、詳しくは第 12 章で学ぶ統計的仮説検定との対応から、信頼度を 95% とした 95% 信頼区間がよく用いられています。

母相関係数の 95% 信頼区間の正確な値は、標本相関係数の標本分布が数学的に複雑な形であるため、標本分布を用いて直接的に求めることは簡単ではありません[3)]。研究実践においては、信頼区間の算出は統計ソフトウェアに任せ、その値を報告することが多いです。そこで以下では、母相関係数の 95% 信頼区間の意味を概念的に理解することを目指します。

図 10 - 4 には、標本サイズが 40 の場合の、標本相関係数の各値における母相関係数の 95% 信頼区間を示しています。図の上側の曲線は 95% 信頼区間の上限値、図の下側の曲線は 95% 信頼区間の下限値を示しています。たとえば、$r = 0.40$ のとき、95% 信頼区間の上限値は 0.63 で、下限値は 0.10 です。

重要なことは、95% 信頼区間の上限値と下限値も標本統計量であり確率変数であるということです。標本相関係数が変化すると、95% 信頼区間も変化します。何度も確認したように、標本相関係数は確率変数でした。標本抽出のたびに変動する標本相関係数に基づいて、95% 信頼区間の上限値と下限値を求めるのですから、これらの値も標本抽出の

3）相関係数の 95% 信頼区間を求める際には、標本相関係数 r をある統計量に変換し、その統計量がある確率分布に従うことを利用して、95% 信頼区間を求めます。正規分布を用いた相関係数の近似的な 95% 信頼区間は、Fisher の Z 変換を用いることで、比較的簡単に求めることができます（南風原，2002; pp.152-153）。また、相関係数の正確な 95% 信頼区間は非心 t 分布を利用することによって求めることができます。その方法については、南風原（2014; pp.55-60）を参照してください。

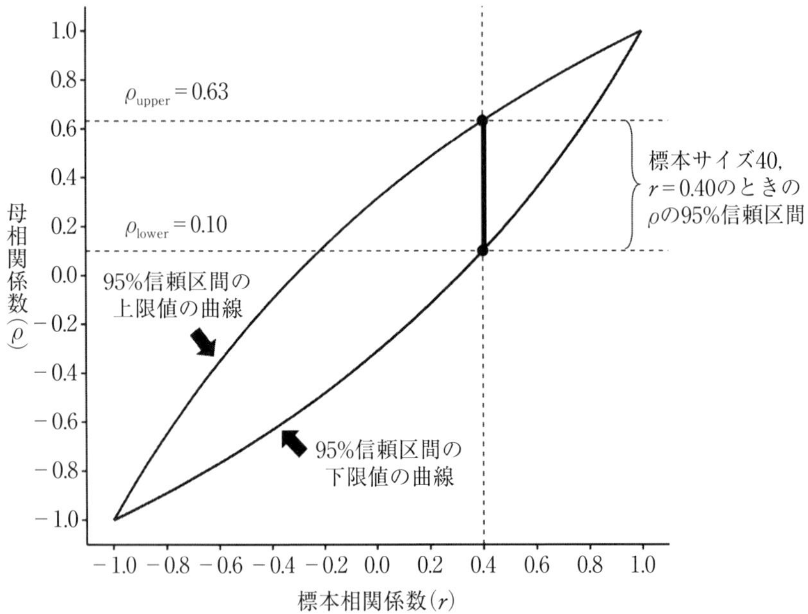

図 10－4　標本サイズ40のときの標本相関係数の各値における95%信頼区間。r＝0.40 の場合の、ρ の 95% 信頼区間を例示。

たびに変動するということです。

実は、図 10－4 は「標本相関係数の各値における、95% 信頼区間の上限値と下限値」を示していると同時に「母相関係数の各値における、標本分布の下側・上側確率 2.5% に対応する値」も示しています。後者の観点から、図 10－4 をみたのが、図 10－5 です。母相関係数が 0.20 の状態で、標本サイズ 40 の標本抽出を繰り返すとしたとき、標本相関係数の 95% は、r= −0.11 から r=0.49 の区間に入ります。

この区間は、母相関係数が 0.20 であれば得られても不思議ではない（自然な）範囲、すなわち、特定の母相関係数と整合的な標本相関係数の範囲と考えることができます。詳しくは第 13 章で学びますが、心理

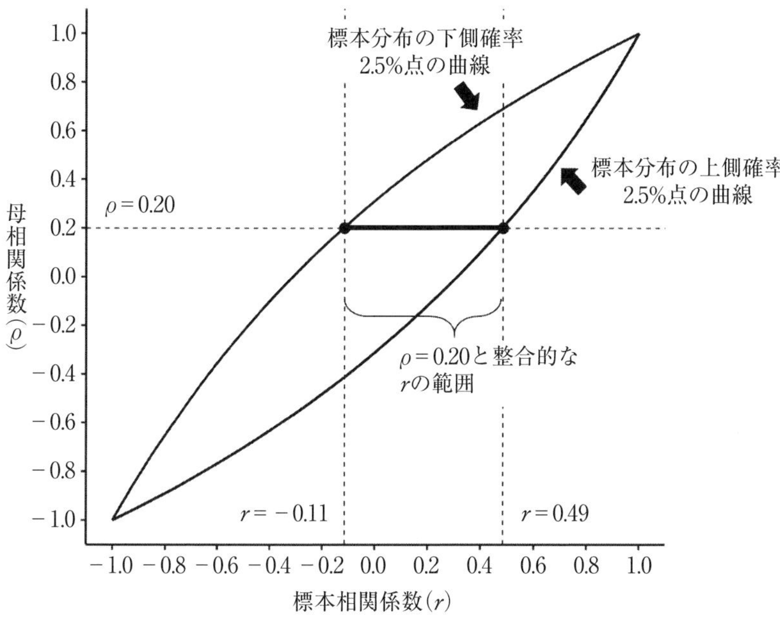

図 10－5　標本サイズ 40 のときの母相関係数の各値における 95% 点。ρ ＝0.20 の場合の標本相関係数の 95% 区間を例示。

学では統計的仮説検定がよく使用されています。統計的仮説検定では背理法の原理を用い、「母数について特定の値を仮定し、そのような母集団からデータを取った際に、滅多に起きないと考えられていることが起こったとしたら、その母数についての仮定が間違っていた」と判断します。ここでの「滅多に起きない」という判断基準が、心理学での研究実践においては、慣例的に「5% 以下の確率で生じる」ということとして設定されています。標本相関係数の標本分布は、母相関係数が特定の値のときに、標本相関係数の実現値が得られる確率を表しているのでした。標本分布の 95% 範囲は、その範囲の標本相関係数が標本抽出を繰り返した際に 95% の確率で得られることを示しているので、その母相関係数の仮定と整合的な範囲と考えることができます。一方で、標本分布の95%範囲外の標本相関係数は、その母相関係数を仮定した場合には、5%の確率でしか生じないことを意味します。滅多に起きないことが起きたときは、仮定が間違っていたのだと考えますから、標本分布の95%範囲の外側は、その母相関係数の仮定と不整合な範囲を意味します。

以上を踏まえて、もう一度、95%信頼区間が意味するところを確認しましょう。図10－1（p.151）の状況設定にもどり、標本サイズが50の標本を抽出し、標本相関係数が0.71だったとします。このとき、母相関係数の95%信頼区間の上限値はおよそ0.83、下限値はおよそ0.54と求まります。図10－6は、標本サイズが50のときの、母相関係数$\rho=0.83$の場合と$\rho=0.54$の場合での標本相関係数の標本分布です。縦の破線は、$r=0.71$の位置を示しています。標本サイズが50の場合、$r=0.71$は、母相関係数$\rho=0.83$の標本分布の下側2.5%点、そして、母相関係数$\rho=0.54$の標本分布の上側2.5%点です。すなわち、母相関係数$\rho=0.83$の場合には、標本相関係数が$r=0.71$よりも小さい値が得られる確率は2.5%です。また、母相関係数$\rho=0.54$の場合には、標本相関係数が$r=0.71$よりも大きい値が得られる確率は2.5%です。

ここで母相関係数として0.83よりも大きい値を仮定すると、標本サ

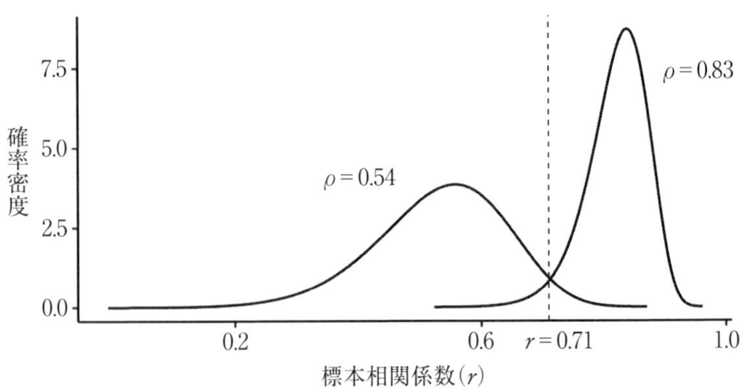

図10－6　標本サイズが50のときの、母相関係数$\rho=0.83$の場合と$\rho=0.54$の場合での標本相関係数の標本分布

イズが 50 の場合には、その仮定のもとでは標本相関係数が $r=0.71$ よりも小さい値が得られる確率は 2.5% よりも小さくなります。したがって、標本サイズが 50 の場合に標本相関係数 $r=0.71$ が得られたという事実は、母相関係数が 0.83 よりも大きいという仮定とは不整合な事実であると判断できます。同様に、母相関係数として 0.54 よりも小さい値を仮定すると、標本サイズが 50 の場合には、その仮定のもとでは標本相関係数が $r=0.71$ よりも大きい値が得られる確率は 2.5% よりも小さくなります。したがって、標本サイズが 50 の場合に標本相関係数 $r=0.71$ が得られたという事実は、母相関係数が 0.54 よりも小さいという仮定とは不整合な事実であると判断できます。

標本サイズが 50 の場合に標本相関係数 $r=0.71$ が得られたという事実は、母相関係数が 0.54 ～ 0.83 の範囲にあると仮定する場合には、その仮定と整合的です。このことから、母数の 95% 信頼区間は、その区間の母数を仮定することが、「今回得られたデータと整合的である」と理解することができます。

10.4　標本の連関係数から母集団の連関係数を推定する

第 4 章において、2 変数が両方とも質的変数の場合に、2 変数の関係性を示す指標として、χ^2 値とクラメールの連関係数（V）を学びました。クラメールの連関係数は χ^2 値と異なり、クロス集計表の大きさや総度数に依存せず、0 ～ 1 の範囲に収まるため、解釈のしやすい指標でした。クラメールの連関係数の母数（γ^*；ガンマアスタリスクと読みます）についても、その 95% 信頼区間を求めることができます。ただし、その方法については、非心カイ 2 乗分布を利用する必要があり、簡単ではありません [4)]。

95% 信頼区間を求める方法が難しいとしても、95% 信頼区間の意味

4）詳細については、南風原（2014; pp.75-78）を参照してください。

は変わりません。統計ソフトウェアによって、母集団におけるクラメールの連関係数の95% 信頼区間が、たとえば.03 ～ .12 と求まれば、その区間の母数を仮定することが、「今回得られたクラメールの連関係数と整合的である」ということです。ここでもやはり、95% 信頼区間は確率変数であり、得られたデータでのクラメールの連関係数が変化すれば、95% 信頼区間も変化することを理解しておくことが重要です。

学習課題

1．サンプルデータを用いて、標本の相関係数から母集団の相関係数を推定し、その結果をまとめてみましょう。
2．サンプルデータを用いて、標本の連関係数から母集団の連関係数を推定し、その結果をまとめてみましょう。

引用文献

- 南風原朝和（2002）『心理統計学の基礎―統合的理解のために―』有斐閣
- 南風原朝和（2014）『続・心理統計学の基礎―統合的理解を広げ深める―』有斐閣

11 2条件の平均値の差の推定

平川　真

《目標＆ポイント》 本章では、心理学の研究において利用される頻度の高い2条件の平均値の差の推定について学びます。その際、各条件の母集団分布が正規分布で、それらの分散が等しいと仮定します。データに対応がない場合と対応がある場合について、それぞれ、2条件の平均値の差の区間推定および標準化平均値差の区間推定について学びます。第10章と同じく、信頼区間は確率変数であり、抽出される標本によってその値が異なることを理解することが重要です。

《キーワード》 2条件の平均値の差、標準化平均値差、区間推定

11.1　心理学における平均値の差の推定[1)]

2条件の平均値の差の推定は、たとえば「何らかの実験条件を設定し、統制条件と実験条件とで従属変数の値にどの程度の差があるか」という関心で、心理学の研究において利用される頻度の高い方法です。心理学では一般的に、人間の行動の原因を探るために、何らかの実験操作や処置を参加者に与え、そこでの反応が変化するかどうかを検討しています。人間の行動に与える因果的な影響を検討する際には、その操作を与えるか与えないかを無作為に決めることによって、実験操作と他の変数が交

1）正確には「心理学における2条件の平均値の差の推定」と表記すべきですが、本章では「2条件の平均値の差」についての内容のみを扱うので、読みやすさ・文字数削減を優先し、「2条件の」という文言を省略して表記しています。

以降では、「2条件の」を省略して表記しても理解に支障がないと思われる箇所については「2条件の」を省略して表記することがあります。また、「平均値の差」という文言についても、同様の理由で、「平均値差」と表記することがあります。

絡しない状態をつくりだすことが重要です。それにより、そこでの条件間の平均値差が集団レベルの因果効果とみなせることを第6章で学びました。無作為割り当てを行った状態で平均値差を推定することで、心理学者が興味を持っている因果効果について知ることができるため、「2条件の平均値の差の推定」は心理学の研究でよく用いられているのです。

本章では、各条件の母集団分布が正規分布で、それらの分散が等しいと仮定した場合において、手元のデータの平均値の差から、母集団における平均値の差を推定する方法を学びます。具体的な題材として、ミューラー・リアー錯視（図11－1）を用いて、「外向きの矢羽根がついていない線分についての主観的な長さ」と「外向きの矢羽根がついている線分についての主観的な長さ」について、それらの平均値の差を推定することを考えます。

なお、平均値の差の推定は、たとえば20代と30代の身長を比べるなど、参加者の属性によって群分けを行い、なんらかの量的変数の平均値を比較するという場合にも適用できます。本章では、因果効果について知りたいという心理学の研究における主要な目的に照らして、無作為割り当てを行った状態で、平均値の差を推定する場合を具体例として扱っていますが、「平均値の差の推定をするためには必ず無作為割り当てをしなければならない」ということではありません。ただし、無作為割り当てをしていない場合には、2条件の平均値の差を因果効果を示すものとして単純に解釈をすることはできないことには注意が必要です。

2条件の平均値の差は、第4章で学んだ2つの変数の関係という観点からは、一方が質的変数で、一方が量的変数の場合の関係性の指標と解

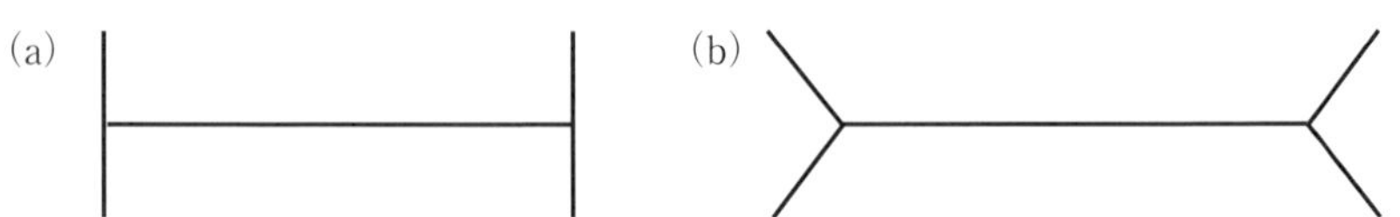

図11－1　外向きの矢羽根がついていない線分（a図）と外向きの矢羽根がついている線分（b図）

釈することができます。例では、「外向きの矢羽根がついているか、ついていないか」が質的変数であり、「線分の主観的な長さ mm」が量的変数です。外向きの矢羽根の有無によって、線分の主観的な長さの平均値が異なる場合、外向きの矢羽根の有無と線分の主観的な長さには関係があるという判断ができます[2)]。

11.2　平均値の差の可視化と数値要約

外向きの矢羽根の有無によって、線分の主観的な長さの平均値が異なるかを知るために、以下の手続きでデータを収集しました。100 名の参加者を､外向きの矢羽根がついている線分（図 11 - 1b）を見せる条件（以下、有条件）と外向きの矢羽根がついていない線分（図 11 - 1a）を見せる条件（以下、無条件）に、無作為に 50 名ずつ割り当てました。参加者には、線分の主観的な長さを mm で報告してもらいました[3)]。そのデータの一部を示したものが表 11 - 1 です。なお表題には｢対応なし｣という表記がありますが、これについては 11.5.1 節にて説明します。

表 11 - 1　ミューラー・リアー錯視の各条件（対応なし）のデータ（一部）

参加者 no	有条件	参加者 no	無条件
1	107	51	96
2	113	52	101
3	107	53	94
⋮	⋮	⋮	⋮
48	117	98	110
49	100	99	94
50	116	100	103
平均値	113	平均値	101
標準偏差	5.93	標準偏差	5.93

2）なお、この例では条件への無作為割り当てを行っているので、この関係を因果関係として解釈することが可能です。

3）あくまで架空の設定です。実際には、線分の主観的な長さは、調整法などの精神物理学的測定法を用いて測定されます。

11.2.1　図表による表現

量的変数の全体的な特徴を視覚的に確認する方法として、第 2 章ではヒストグラムを学びました。そこで、条件によるデータの違いを確認するために、条件ごとにヒストグラムを描き、比較しやすいように重ね合わせるという方法が考えられます（図 11 - 2）。

有条件のヒストグラムが全体的に主観的な長さが長い方向に、無条件のヒストグラムが全体的に短い方向に位置していることが分かります。このことから、有条件の場合のほうが無条件の場合よりも主観的な長さを長く報告した人が多く、外向きの矢羽根の有無と主観的な線分の長さに関連があることが見てとれます。

11.2.2　数値による表現

この関係を数値で表現することを考えましょう。有条件のデータでは平均値が 113mm、無条件のデータでは平均値が 101mm でした。データの代表値である平均値を比較することで、質的変数である「外向きの矢羽根の有無」と量的変数である「主観的な長さ」という 2 変数の関係を表すことができそうです。一方の条件の（その標本での）平均値を

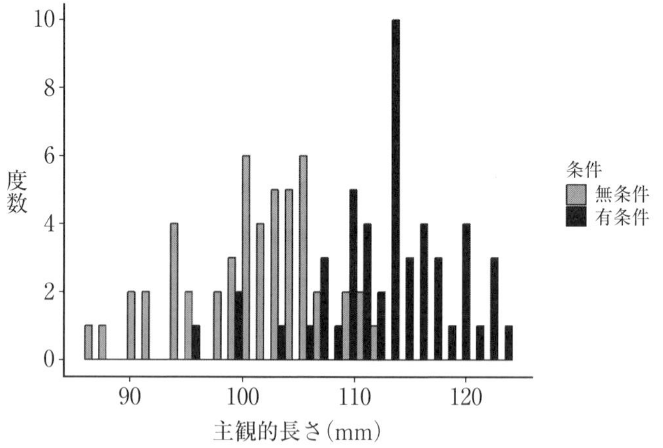

図 11 - 2　条件別の主観的長さのヒストグラム

$\bar{y}_1$、もう一方の条件の（その標本での）平均値を $\bar{y}_2$ と表記し、2 条件の平均値の差を、

$$\bar{y}_1 - \bar{y}_2$$

とします。今回のデータでの、有条件の主観的長さの平均値 $\bar{y}_1$ は 113、無条件の主観的長さの平均値 $\bar{y}_2$ は 101 ですから、平均値差は 113 − 101 = 12 です。外向きの矢羽根がついている場合に、ついていない場合よりも、主観的な長さが平均的に 12mm 長く報告されたということです。平均値差は、質的変数のカテゴリ間で量的変数の値に平均的にどれくらいの差があるのかを示します。今回のデータは無作為割り当てを行ってデータを取得していますので、平均値差を平均因果効果として解釈することができます。すなわち、今回得られた標本において、「外向きの矢羽根は、主観的な長さを 12mm 過大視させる効果を持つ」と解釈することができます。

11.3　母集団における平均値の差の推定

前節では、得られた特定のデータすなわち標本における平均値差を表現する方法を学びました。この節では、標本における平均値差 $\bar{y}_1 - \bar{y}_2$ から母集団における平均値差 $\mu_1 - \mu_2$ を推定する方法を説明します。

第 7 章で学んだ、母集団から標本を抽出して、標本の特徴から母集団の特徴を推測するという推測統計の一般的な枠組みを、平均値の差の推定という問題にあてはめたものが図 11 - 3 です。第 10 章の図 10 - 1 (p.151) と比較し、扱っている問題が「平均値の差の推定」か「相関係数の推定」かという違いはあるものの、両者が構造的に同じであることを確認してください。

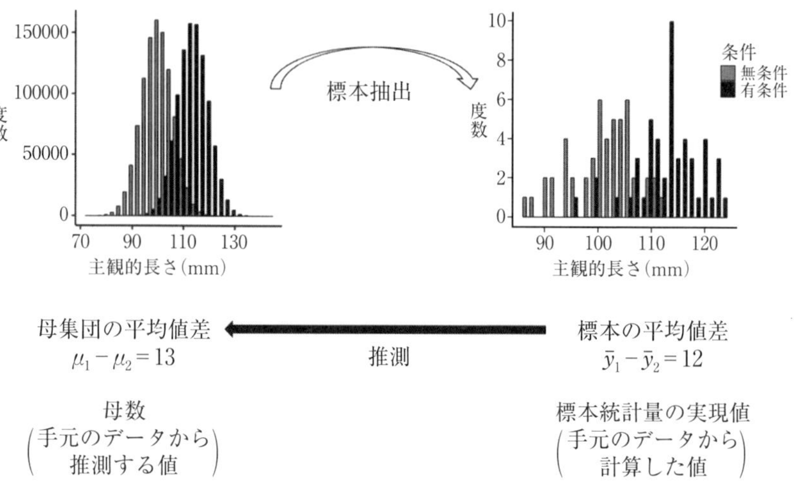

図 11－3　ある標本の平均値差（標本統計量の実現値）から母集団における平均値差（母数）を推測する

11.3.1　標本平均値差の標本分布 [4)]

第 7 章で学んだように、標本統計量の確率分布を標本分布といいます。また、確率変数 Y が平均 μ、分散 σ^2 の正規分布に従うとき、標本平均 $\bar{y}$ は平均 μ、分散 $\dfrac{\sigma^2}{n}$ の正規分布に従うのでした（第 8 章；pp.128-130）。

各条件のデータが分散の等しい正規分布（それぞれの正規分布の平均を μ_1、μ_2 とし、分散を $\sigma_1^2 = \sigma_2^2$ とします）から独立に得られているのであれば、標本平均値差 $\bar{y}_1 - \bar{y}_2$ の標本分布も、正規分布となることが知られています。第 8 章で学んだように、確率変数 X の期待値を $E(X)$ と表記し、分散を $V(X)$ と表記します。標本平均値差 $\bar{y}_1 - \bar{y}_2$ の標本分布の期待値と分散は、正規分布の再生性と各条件の分散が等しいという仮定を用いて、

4）「標本平均値差」は、「標本における 2 条件の平均値の差」という意味です。

$$E(\bar{y}_1-\bar{y}_2)=\mu_1-\mu_2$$

$$V(\bar{y}_1-\bar{y}_2)=\frac{\sigma_1^2}{n_1}+\frac{\sigma_2^2}{n_2}$$

$$=\sigma^2\left(\frac{1}{n_1}+\frac{1}{n_2}\right)$$

となります[5)]。ここで n_1、n_2 は、各条件の標本サイズです。

母集団において 2 つの条件で等しいと仮定した分散 σ^2 の不偏推定量には、両条件のデータを使って求める不偏分散 u^{2*} が用いられます[6)]。

$$u^{2*}=\frac{\sum_{i=1}^{n_1}(y_{1i}-\bar{y}_1)^2+\sum_{i=1}^{n_2}(y_{2i}-\bar{y}_2)^2}{(n_1-1)+(n_2-1)}$$

$$=\frac{n_1s_1^2+n_2s_2^2}{n_1+n_2-2}$$

1 行目の式の分子は各条件の偏差 2 乗和を足したものです。2 行目は各条件の標本分散 s_1^2、s_2^2 を用いて[7)]、u^{2*} を示したものです。偏差 2 乗和を標本サイズで割ったものが標本分散なので、各条件の標本分散 s_1^2、s_2^2 に各条件の標本サイズ n_1、n_2 を掛けることで、偏差 2 乗和に戻すことができます。

5）確率変数 X と Y は独立で、X が平均 μ_1、分散 σ_1^2 の正規分布に従い、Y が平均 μ_2、分散 σ_2^2 の正規分布に従うとき、$Z=X+Y$ は、平均 $\mu_1+\mu_2$、分散 $\sigma_1^2+\sigma_2^2$ の正規分布に従います。これを正規分布の再生性といいます。詳しくは、皆本(2015: pp.169-170）を参照してください。

標本平均 $\bar{y}_1$、$\bar{y}_2$ は、それぞれ平均 μ_1、μ_2、分散 $\frac{\sigma_1^2}{n_1}$、$\frac{\sigma_2^2}{n_2}$ の正規分布に従います。ここで、$-\bar{y}_2$ が平均 $-\mu_2$、分散 $\frac{\sigma_2^2}{n_2}$ に従うので、$\bar{y}_1+(-\bar{y}_2)$ すなわち $\bar{y}_1-\bar{y}_2$ は、正規分布の再生性より、平均 $\mu_1+(-\mu_2)$ すなわち $\mu_1-\mu_2$、分散 $\frac{\sigma_1^2}{n_1}+\frac{\sigma_2^2}{n_2}$ の正規分布に従うことがわかります。また、2 条件の分散が等しいという仮定を置いていますから、共通の σ^2 を用いて、$\sigma^2\left(\frac{1}{n_1}+\frac{1}{n_2}\right)$ となります。

6）これをプールした分散といいます。第 9 章 139 ページで定義した不偏分散 u^2 とは異なるため、本書では＊（アスタリスク）を付けて表記しています。

7）$s_1^2=\frac{1}{n_1}\sum_{i=1}^{n_1}(y_{1i}-\bar{y}_1)^2$、　$s_2^2=\frac{1}{n_2}\sum_{i=1}^{n_2}(y_{2i}-\bar{y}_2)^2$

母集団において各条件で共通と仮定した分散の推定量 u^{2*} を用いて、標本平均値差の標本分布における標準偏差、すなわち、平均値差の標準誤差 SE の推定量は、

$$SE_{\bar{y}_1-\bar{y}_2}=\sqrt{u^{2*}\left(\frac{1}{n_1}+\frac{1}{n_2}\right)}$$

として得られます。

11.3.2　平均値差の点推定

母集団における 2 条件の平均値の差 $\mu_1-\mu_2$ の推定量が、標本における 2 条件の平均値の差 $\bar{y}_1-\bar{y}_2$ ですから、点推定では今回のデータにおける有条件と無条件の標本平均値差 $113-101=12$ をもって、母集団における外向きの矢羽根がある場合の過大評価の量を推定することになります。

ただし、第 7 章～ 10 章で確認したように、データから計算される平均値差は標本統計量なので、標本抽出をするたびに異なる値を取ります。したがって当然、母集団における平均値差の点推定値は、標本を抽出するたびに異なります。

11.3.3　平均値差の区間推定

標本抽出による標本統計量の変動を考慮して、幅を持たせた推定を行うことを区間推定というのでした。以下では、母集団における平均値差の 95% 信頼区間の求め方を説明します[8)]。95% 信頼区間は、第 8 章、第 10 章で学んだように、「得られたデータと整合的な母数の範囲」でした。母集団における平均値差の 95% 信頼区間は、特定の標本から計算される平均値差と整合的な、母集団における平均値差の範囲となります。

8）第 10 章で相関係数の区間推定を説明した際は、標本相関係数の標本分布が複雑であるため、具体的な求め方は説明しませんでした。2 条件の平均値差の区間推定はその求め方が簡単なので、数式を用いて具体的な求め方を説明します。説明の仕方は異なりますが、信頼区間の概念は同じです。

母集団における平均値差の 95% 信頼区間の上限値は、得られたデータとぎりぎり整合的な母集団における平均値差の上限値です。今回得られた標本平均値差よりもわずかでも小さい値が得られた場合には、母集団における平均値差としてその値を想定することは、整合的ではありません。同様に、母集団における平均値差の 95% 信頼区間の下限値は、得られたデータとぎりぎり整合的な母集団における平均値差の下限値です。今回得られた標本平均値差よりもわずかでも大きい値が得られた場合には、母集団における平均値差としてその値を想定することは、整合的ではありません。

11.3.1 節で述べた通り、各条件のデータが分散の等しい正規分布から独立に得られているのであれば、標本平均値差は平均 $\mu_1-\mu_2$、分散 $\sigma^2\left(\frac{1}{n_1}+\frac{1}{n_2}\right)$ の正規分布に従います。2 条件で等しいと仮定した母分散があらかじめ分かっていることは現実には少ないので、母分散の代わりにその不偏推定量である u^{2*} を用いて区間推定を行う方法を解説します。

ここで、1 変数の母平均を推定する際に第 9 章で説明した、定数である母分散 σ^2 を含む量である

$$z=\frac{\bar{x}-\mu}{\sqrt{\sigma^2/n}}$$

と、確率変数である不偏分散 u^2 を含む量である

$$t=\frac{\bar{x}-\mu}{\sqrt{u^2/n}}$$

とでは、それらが従う分布が異なること（z は標準正規分布に、t は t 分布に従うこと）を思い出してください（第 9 章；pp.141-143)。

平均値差については、

$$t=\frac{(\bar{y}_1-\bar{y}_2)-(\mu_1-\mu_2)}{\sqrt{u^{2*}\left(\frac{1}{n_1}+\frac{1}{n_2}\right)}}$$

が、自由度 n_1+n_2-2 の t 分布に従うことを利用して、母分散が分からない状態での 95% 信頼区間を求めます。第 9 章で学んだように、t 分布は平均が 0 で左右対称の形状をしており、自由度を大きくしていくと標準正規分布に近づきます。分子は標本における平均値差 $\bar{y}_1-\bar{y}_2$ から母集団における平均値差 $\mu_1-\mu_2$ を引いたもので、分母は平均値差の標準誤差の推定値です。標本平均値差と分母の値は、得られたデータから計算し、固定することができるので、この式で表される t 値は母集団における平均値差 $\mu_1-\mu_2$ の値によって変化します。したがって、t 値が、自由度 n_1+n_2-2 の t 分布における下側確率 2.5% 点と上側確率 2.5% 点の間の値となるような $\mu_1-\mu_2$ の範囲が、母集団における平均値差の 95% 信頼区間となります。

t 分布は左右対称の形状をしていますので、下側確率 2.5% 点と上側確率 2.5% 点の絶対値は同じです。自由度が n_1+n_2-2 の t 分布における上側確率 2.5% 点を $t_{0.975}(n_1+n_2-2)$ と表記すると、下側確率 2.5% 点は $-t_{0.975}(n_1+n_2-2)$ となります。

95% 信頼区間の上限値は、今回得られたデータとぎりぎり整合的な母集団における平均値差の上限値ですから、t 値が自由度 n_1+n_2-2 の t 分布における下側確率 2.5% 点（$-t_{0.975}(n_1+n_2-2)$）となる、$\mu_1-\mu_2$ を求めればよいので、

$$\frac{(\bar{y}_1-\bar{y}_2)-(\mu_1-\mu_2)_{\mathrm{upper}}}{\sqrt{u^{2*}\left(\dfrac{1}{n_1}+\dfrac{1}{n_2}\right)}}=-t_{0.975}(n_1+n_2-2)$$

$$(\mu_1-\mu_2)_{\mathrm{upper}}=(\bar{y}_1-\bar{y}_2)+t_{0.975}(n_1+n_2-2)\sqrt{u^{2*}\left(\frac{1}{n_1}+\frac{1}{n_2}\right)}$$

によって求まります。

同様に、95% 信頼区間の下限値は、今回得られたデータとぎりぎり整合的な母集団における平均値差の下限値ですから、t 値が自由度 n_1+n_2-2 の t 分布における上側確率 2.5% 点（$t_{0.975}(n_1+n_2-2)$）となる、$\mu_1-\mu_2$ を求めればよいので、

$$\frac{(\bar{y}_1-\bar{y}_2)-(\mu_1-\mu_2)_{\text{lower}}}{\sqrt{u^{2*}\left(\dfrac{1}{n_1}+\dfrac{1}{n_2}\right)}}=t_{0.975}(n_1+n_2-2)$$

$$(\mu_1-\mu_2)_{\text{lower}}=(\bar{y}_1-\bar{y}_2)-t_{0.975}(n_1+n_2-2)\sqrt{u^{2*}\left(\frac{1}{n_1}+\frac{1}{n_2}\right)}$$

によって求まります。

このようにして求めた 95% 信頼区間を報告することで、今回得られた標本における平均値差と整合的な、母集団における平均値差についての情報を得ることができます。ここで、95% 信頼区間の上限値と下限値は標本統計量であり確率変数であるということを再度確認しておきましょう。

表 11 - 1（p.165）に示した今回得られたデータにおいては、

$$\bar{y}_1-\bar{y}_2=12$$

$$\sqrt{u^{2*}\left(\frac{1}{n_1}+\frac{1}{n_2}\right)}=1.2$$

であり、また、自由度 98 の t 分布における上側確率 2.5% 点は、

$$t_{0.975}(n_1+n_2-2)\fallingdotseq 1.98$$

なので、母集団における平均値差の 95% 信頼区間は、9.62 ～ 14.38 となります。これを第 6 章で学んだ平均因果効果の観点から見ると、母集団

において「外向きの矢羽根は、主観的な長さを 9.62 ～ 14.38mm 過大視させる効果を持つ」と解釈することができます。

11.4　標準化平均値差

11.4.1　標本における標準化平均値差

標準化された平均値差の代表的なものに第 6 章で紹介した Cohen の d があり、以下の式で定義されるのでした（第 6 章；p.101）。

$$d=\frac{\bar{y}_1-\bar{y}_2}{s^*}$$

$$s^*=\sqrt{\frac{n_1 s_1^2+n_2 s_2^2}{n_1+n_2-2}}$$

Cohen の d は、2 つの条件の平均値差が標準偏差の何個分離れているかを示す指標で、測定単位に依存しないため、解釈しやすい指標です。今回のデータでは、$d=1.99$ となりました。外向きの矢羽根がある場合とない場合とでは、その主観的長さの差が標準偏差の約 2 個分離れていることになります。

11.4.2　母集団における標準化平均値差の推定

母集団における標準化平均値差（δ；デルタと読みます）は、母集団における平均値差が条件内の標準偏差の何倍あるかを示すもので、

$$\delta=\frac{\mu_1-\mu_2}{\sigma}$$

で表されます。この母集団における標準化平均値差を、得られたデータから推定しましょう。

母集団における標準化平均値差 δ の推定量が先に示した d ですから、

点推定の場合は、標本から計算された d を δ の推定値（$\hat{\delta}$）として報告することになります。しかし、d は標本統計量なので、標本抽出のたびにその実現値は異なるため、標本統計量の変動を考慮して、幅を持たせた区間推定を行います。

標準化平均値差 δ の区間推定については、非心 t 分布を利用する必要があり、その計算は複雑なので、具体的な方法は省略します[9)]。研究報告の際には、統計ソフトウェアが出力した 95% 信頼区間とあわせて母集団における標準化平均値差について報告しましょう。具体的に今回のデータでは、δ の 95% 信頼区間は、1.50 ～ 2.46 なので、

$$\hat{\delta} = 1.99,\ 95\%\mathrm{CI}[1.50,\ 2.46]$$

と報告します。

11.5　対応のある場合における平均値差の推定

11.5.1　対応のない場合と対応のある場合

前節までは、ミューラー・リアー錯視を例に、対応のない場合における平均値差の推測について説明しました。心理学的研究の場合、参加者からデータを得ますが、異なる人から得られたデータを対応のないデータといいます。一方で、同じ人から得られたデータを対応のあるデータといいます[10)]。

たとえば、先のミューラー・リアー錯視の例の場合、各参加者は外向きの矢羽根がある線分を刺激として観察する条件と外向きの矢羽根がない線分を刺激として観察する条件に無作為に割り当てられ、各参加者は

9）非心 t 分布については南風原（2014; pp.29-32）を、非心 t 分布を用いた標準化平均値差の区間推定については南風原（2014; pp.67-70）を参照してください。

10）ただし、異なる人から得られた 2 条件のデータであれば、必ず対応のないデータであるとは限りません。異なる人から得られた場合でも、対応のあるデータとして扱うことが適切な場合もあります。詳しくは、南風原（2002; pp.171-173, 266-269）を参照してください。

どちらか一方の刺激しか観察しません。このような場合は、対応のないデータとなります。一方で、同じ人を両条件に割り当てることも可能です。すなわち、外向きの矢羽根がある線分についての主観的長さを報告させ、そのあとに、外向きの矢羽根がない線分についての主観的長さを報告させる、というような手続きでデータを取るといったことです。このような場合は、対応のあるデータとなります。

心理学の研究において、同じ人を複数の実験条件に参加させる場合には、条件の実施順序を参加者ごとに変え、課題の実施順序による剰余変数を相殺するカウンターバランスという手法を用いたりします[11)]。

11.5.2 対応のある場合の平均値差

外向きの矢羽根が線分の主観的長さの知覚に与える影響を知りたいとして、50 人を対象に、外向きの矢羽根がある線分（有条件）と外向きの矢羽根がない線分（無条件）について、その主観的長さを報告してもらい、1 人の人からそれぞれ 2 つの条件についてのデータを取得しました。表 11－2 に架空データの一部を示しています。得られた数値は表 11－1 と同じ設定にしているので、違いが分かりにくいかもしれませんが、表 11－1 は各条件に参加している人が異なる「対応のない」データであり、表11－2は同じ人が2つの条件に参加している「対応のある」データです。

11）対応のある 2 条件についての平均値差を平均因果効果の観点から解釈するためには、一定の条件を満たす必要があります。適切なデータの取り方については心理学研究法に関する話題ですので、詳細は小川（2020）など、心理学研究法や実験法に関する文献を参照してください。

表 11 - 2　ミューラー・リアー錯視の各条件（対応あり）のデータ（一部）

参加者 no	有条件	無条件	個人ごとの条件差
1	107	96	11
2	113	101	12
3	107	94	13
⋮	⋮	⋮	⋮
48	117	110	7
49	100	94	6
50	116	103	13
平均値	113	101	12
標準偏差	5.93	5.93	5.6

外向きの矢羽根がある場合とない場合における線分の主観的長さという対応のある 2 条件の平均値差は、$\bar{y}_1 - \bar{y}_2 = 113 - 101 = 12$ です。ここで、ある参加者 i の有条件のときの主観的な長さから、無条件のときの主観的な長さを引き、その個人の主観的な長さにおける条件差 v_i を求めるとすると、条件差の平均値 $\bar{v}$ は、

$$
\begin{aligned}
\bar{v} &= \frac{1}{n}\sum_{i=1}^{n}(y_{1i} - y_{2i}) \\
&= \frac{1}{n}\sum_{i=1}^{n} y_{1i} - \frac{1}{n}\sum_{i=1}^{n} y_{2i} \\
&= \bar{y}_1 - \bar{y}_2
\end{aligned}
$$

となり、2 条件の平均値の差と一致することが分かります。表 11 - 2 の一番右の列には、個人ごとの条件差を記載しています。その平均値は 12 であり、有条件の平均値と無条件の平均値の差と一致しています。

11.5.3　対応のある場合の平均値差の推定

11.5.3.1　対応のある場合の平均値差の標本分布

対応のある2条件の平均値差は、条件差の平均値と一致することから、条件差という1つの合成変数の平均値の標本分布を考えればよいことになります。第7章で学んだように、確率変数Yが平均μ、分散σ^2の正規分布に従うとき、標本平均$\bar{y}$は平均μ、分散$\dfrac{\sigma^2}{n}$の正規分布に従うのでした。同様に、母集団における条件差について、その標本抽出の確率モデルとして平均μ_v、分散σ_v^2の正規分布を仮定すれば、標本サイズがnのときの標本における条件差の平均値$\bar{v}$は、平均μ_v、分散$\dfrac{\sigma_v^2}{n}$の正規分布に従います。

ただし、多くの場合にはσ_v^2の値は分からないため、σ_v^2の推定量である条件差vの不偏分散u_v^2を用いて、区間推定を行います。

ここで、

$$t=\frac{\bar{v}-\mu_v}{\sqrt{\dfrac{u_v^2}{n}}}$$

が、自由度$n-1$のt分布に従うことを利用すると、第9章でt分布を利用して母平均の95%信頼区間を求めたのと同様の手順で、母集団における条件差の平均値の95%信頼区間を求めることができます。

自由度$n-1$のt分布における、下側確率2.5%点と上側確率2.5%点の絶対値を$t_{0.975}(n-1)$と表記します。μ_vの95%信頼区間の上限値は、t値が自由度$n-1$のt分布における下側確率2.5%点（$-t_{0.975}(n-1)$）となる、μ_vを求めればよく、$\bar{v}+t_{0.975}(n-1)\sqrt{\dfrac{u_v^2}{n}}$によって求めることができます。同様に、$\mu_v$の95%信頼区間の下限値は、$t$値が自由度$n-1$の$t$分布における上側確率2.5%点（$t_{0.975}(n-1)$）となる、$\mu_v$を求めればよく、$\bar{v}-t_{0.975}(n-1)\sqrt{\dfrac{u_v^2}{n}}$ によって求めることができます。

このようにして求めた 95% 信頼区間は、今回得られた標本における条件差の平均値（すなわち対応のある場合の平均値差）と整合的な、母集団における条件差の平均値の範囲を示しています。

今回得られたデータにおいては、

$$\bar{v}=12$$

$$\sqrt{\frac{u_v^2}{n}}=0.8$$

であり、また、自由度 49 の t 分布における上側確率 2.5% 点は、

$$t_{0.975}(n-1)\fallingdotseq 2.01$$

なので、母集団における条件差の平均値の 95% 信頼区間は、10.39 ～ 13.61 となります。くどいですが、95% 信頼区間は確率変数であり、標本が異なれば 95% 信頼区間は変化します。

11.5.3.2　対応のない場合とある場合の信頼区間の比較

表 11 - 1 と表 11 - 2 は、データとして得られた数値は同じ設定にしていました。ここで、対応のない場合に求めた 95% 信頼区間と比較してみましょう。対応のない場合、平均値差の 95% 信頼区間は 9.62 ～ 14.38 であり、対応ある場合に求めた平均値差の 95% 信頼区間 10.39 ～ 13.61 と比べて広くなっています。

実は、条件差 v の標準偏差 σ_v は、

$$\sigma_v=\sqrt{\sigma_1^2-2\sigma_{12}+\sigma_2^2}$$

です。ここで、σ_1^2 は条件 1 の分散、σ_2^2 は条件 2 の分散、σ_{12} は 2 条件の

表 11 - 3　対応のない場合とある場合の数値

	対応のない場合	対応のある場合
平均値差	$\bar{y}_1 - \bar{y}_2 = 12$	$\bar{v} = 12$
t 分布の上側 2.5% 点	$t_{0.975}(n_1 + n_2 - 2) \fallingdotseq 1.98$	$t_{0.975}(n-1) \fallingdotseq 2.01$
標準誤差の推定値	$\sqrt{u^{2*}\left(\frac{1}{n_1} + \frac{1}{n_2}\right)} = 1.2$	$\sqrt{\frac{u_v^2}{n}} = 0.8$

共分散です。したがって、共分散が大きいほど、すなわち対応のあるデータに高い正の相関関係があるほど、条件差の標準偏差は小さくなります。その結果として、標準誤差が小さくなり、95% 信頼区間が狭くなります。

表 11 - 3 では、今回のデータにおける対応のない場合と対応のある場合で、95% 信頼区間を求める際に使用した数字を記載しています。標準誤差の推定値が、対応のある場合（0.8）のほうが対応のない場合（1.2）に比べて、小さくなっています。

11.5.3.3　対応のある場合の標準化平均値差の推定

対応のある場合の母集団における標準化平均値差（δ^*[12]）は、母集団における条件差の平均値 μ_v が条件差の母集団標準偏差 σ_v の何倍あるかを示すもので、

$$\delta^* = \frac{\mu_v}{\sigma_v}$$

で表されます。この母集団における標準化平均値差を、得られたデータから推定しましょう。対応のある 2 条件の母集団における標準化平均値差の推定量 d' は、標本における条件差の平均値を条件差の不偏分散の平方根で割った、

12）174 ページで定義した対応のない場合の標準化平均値差とは異なるため、本書では＊（アスタリスク）を付けて表記しています。

$$d' = \frac{\bar{v}}{\sqrt{u_v^2}}$$

です。

対応のある 2 条件の母集団における標準化平均値差を点推定する場合には、d' を δ^* の推定値として報告することになりますが、d' は標本統計量ですから、標本抽出による変動の程度を考慮する必要があります。具体的な求め方については省略しますが、対応のある場合における標準化平均値差についても、95% 信頼区間を求めることができます。研究報告の際には、統計ソフトウェアが出力した 95% 信頼区間とあわせて母集団における標準化平均値差について報告しましょう。

学習課題

1. サンプルデータ（注）を用いて、対応のない 2 条件の場合において、標本における平均値差から母集団における平均値差を推定し、その結果をまとめてみましょう。

（注）　分析用のサンプルデータでは、データの入力の仕方が表 11 - 1 とは異なっています。心理学的研究で分析するデータは基本的に、サンプルデータのように、各行に 1 人の参加者のデータを入力します。対応のない場合の平均値差を推定する場合には、各個人に対して、実験条件を表す質的変数と量的変数の値が測定されています。それぞれを変数として、データ入力をします。サンプルデータでは、実験条件を表す質的変数として、有条件は 1 と入力し、無条件は 0 と入力しています。

2．サンプルデータを用いて、対応のある２条件の場合において、標本における条件差の平均値から母集団における条件差の平均値を推定し、その結果をまとめてみましょう。

引用文献

- 南風原朝和（2002）『心理統計学の基礎―統合的理解のために―』有斐閣
- 南風原朝和（2014）『続・心理統計学の基礎―統合的理解を広げ深める―』有斐閣
- 皆本晃弥（2015）『スッキリわかる確率統計―定理のくわしい証明つき―』近代科学社
- 小川洋和（2020）「実験法Ⅰ」三浦麻子（編）『心理学研究法』放送大学教育振興会 pp.54-67

12　統計的検定

清水　裕士

《目標＆ポイント》 これまで、母数を区間推定する方法について解説してきました。しかし、心理学の多くの研究では統計的検定と呼ばれる方法を用いて、母数についての仮説を評価することがよくあります。本章では、統計的検定の考え方を学習し、その使い所と注意点について理解することを目指します。

《キーワード》 統計的検定、帰無仮説、対立仮説、検定統計量、帰無分布、棄却域、有意水準、p 値、統計的誤りの確率、2 群の平均値差の検定、無相関検定、独立性の検定

12.1　統計的検定とは

統計的検定（statistical test） とは、母数についての仮説を評価するための方法です。たとえば、次のような例を考えてみます。

【例】

ある工場で缶詰が製造されています。この工場では缶詰を製造するとき、重さが平均 100g になるように設定しています。また正規分布に従って重さがばらつくことが分かっています。いま、製品チェックの担当者は、缶詰製造の機械に不具合がなかったかを確かめたいと思っています。そこで、倉庫の中から 25 個の缶詰を無作為に選び重さを測って、この工場では本当に平均 100g で缶詰が製造されている

かを検査しようとしています。25 個の缶詰の重さの平均値は 98.12g、標準偏差は 2.26g でした。

第 9 章の例とよく似ていますが、少し違うのは、母平均が 100g であるという想定があり、その想定が本当に正しいのかを検査するという目的になっている点です。このように、母数についての想定が合っているかどうかを統計的にテストするのが統計的検定の目的です。

12.1.1　統計的検定の論理

統計的検定は、母数についての仮説を立て、その真偽を判定するという形で行われます。母数についての仮説とは、例のように母平均が 100g だろう、というように母数とある値が等しいという形で表現されます。例では、確率モデルとして正規分布が近似として使えると書かれているので、以後、母平均は正規分布のパラメータ μ と一致しているとみなします。そこで μ を使って、

$$\mu = 100$$

という仮説を立てます。この仮説の真偽を標本から考えるのが統計的検定です。もし母平均が実際に 100g ならこの仮説は真、そうでなければ偽となります。

しかし、この仮説が真であることをデータから示すことはできません。なぜなら、それは母数が厳密にある定数と等しいことを示すには、母集団サイズと同じ、あるいは無限の標本サイズが必要だからです。しかし、標本サイズが限定的でも、ある確率的な範囲であれば、この仮説が偽であることは分かります。たとえば、「日本人の成人男性の平均身長は 2m だろう」、つまり $\mu = 2\text{m}$ という仮説を立てたとき、得られた標

本から計算された 95%信頼区間が 164cm ～ 178cm だった場合、母数が 2m よりも十分小さいであろうことが分かるでしょう。よって、帰無仮説が偽であることは言えそうです（図 12 - 1）。一方で、帰無仮説が μ = 170cm であった場合はどうでしょうか。95%信頼区間に帰無仮説が入っていたとしても、それに非常に近いが異なる仮説、たとえば $\mu = 171$cm が真である可能性もあるわけですから、それだけでは $\mu = 170$cm こそが真であるとは言えません。

このように、推測統計学では「母数についての等号の仮説」（たとえば $\mu = 100$）は、それが真であることは言えないが、偽であることは言えるという特徴があります。よって、統計的検定の論理では、まず「母数についての等号の仮説」を立て、それをデータによって偽であることを示す、という背理法に似た方法を使います。なお、背理法とは、最初に証明したい主張の「否定」を前提とし、そこから導出される結論が「矛盾」であることを示すことで、主張が正しいことを証明する方法です。

「母数の等号についての仮説」は、背理法によって偽であることを示されることが期待されています。そのことから、この仮説のことを**帰無仮説（null hypothesis）**と言います[1)]。帰無仮説は H_0 という記号を使います[2)]。たとえば、

$$H_0 : \mu = 100$$

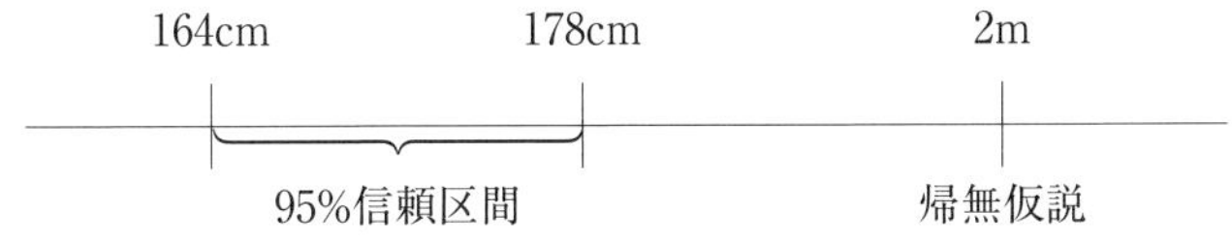

図 12 - 1　標本から計算された信頼区間と帰無仮説

1）null とは「何もない」ことを意味する単語で、ヌル、あるいはナルと発音します。
2）H は仮説の英語 hypothesis の頭文字です。

と表記します[3]。統計的検定では、まず帰無仮説が真であるとした上で、それがデータと矛盾することを示し、帰無仮説が偽であることを示す方法です。

続いて、帰無仮説の否定として立てられる仮説のことを**対立仮説**（**alternative hypothesis**）と呼びます。対立仮説は H_1 という記号を用いて、

$$H_1 : \mu \neq 100$$

と、必ず帰無仮説の否定で表されます。帰無仮説が偽であるとされれば、同時にその否定である対立仮説が真となります。あたりまえのことですが、$\mu = 100$ が偽であれば、同時に $\mu \neq 100$ は真になります。帰無仮説と対立仮説は、それらが二項対立の関係になっている点が重要です。なぜなら、その対立関係によって、帰無仮説が真であるとは言えませんが、偽であるとは言えるため、逆に対立仮説が真であると主張することができるからです（図 12 - 2）。

検定の論理を整理すると、まず帰無仮説 H_0 を立てます。それと同時に、対立仮説 H_1 が立ちます。つぎに標本をえて、次節で解説する方法で帰無仮説が偽であるかどうかを決めます。帰無仮説が偽であると判断できれば、対立仮説が真であるため、それを主張します。帰無仮説が偽であると判断できない場合は、帰無仮説を保留します。ここで保留という言

帰無仮説 H_0 : $\mu = 100$

対立仮説 H_1 : $\mu \neq 100$

帰無仮説と対立仮説はそれぞれ否定であり、二項対立の関係にある。
どちらかが真なら、どちらかが偽となる。

図 12 - 2　帰無仮説と対立仮説

3）実際は、等号でない帰無仮説も立てられないわけではありません。たとえば、缶詰めの重さが 100g 以上であるというような仮説です。本書では扱っていない片側検定と呼ばれる方法では、それが可能ですが、実際に検定をするときは $\mu = 100$ という等号を一度仮定した上で、帰無分布を設定する点は変わりません。

葉を用いたのは、帰無仮説が真であると主張できるわけではないからです。詳細については、次節で述べます。

12.1.2　統計的検定の具体的な考え方

統計的検定は、まず帰無仮説と対立仮説を立て、そのあとにデータから矛盾を引き出し、帰無仮説が偽、つまり対立仮説が真であることを主張するための方法でした。以下では、データから帰無仮説が偽であることを示す枠組みを解説します。

大まかなイメージとしては以下のようになります。まず、母数についての帰無仮説が真であると仮定します。すると、仮の母数が決まりますから、そこから推定量についての標本分布が定まります。そして、標本から計算された統計量の実現値が、標本分布から考えて十分低い確率でしか生じないような値であったならば、帰無仮説が偽であると判断します。

ただし、何の仮定もなく帰無仮説の真偽を知るのは不可能です。推測統計学では、母集団からの標本抽出を確率的なプロセスとみなし、確率モデルを立てるのでした。それは、統計的検定でも同じです。たとえば例では、確率モデルとして正規分布になることが明示されているので、そのまま正規分布を使えます。しかし、実際のデータ分析ではどの確率モデルが妥当であるかは分かりません。先行研究のデータの分布やデータ発生のメカニズムなどから類推する必要があります。もし確率モデルが母集団からの標本抽出を近似できていなければ、95%信頼区間と同様、検定の結果も妥当ではなくなります。

それでは統計的検定を例に沿って解説していきます。ここからは、母集団からの標本抽出が正規分布で十分近似でき、知りたい母数である母平均が、正規分布の平均パラメータ μ と一致しているという仮定のもと解説をします。実際には、この仮定が常に成り立つわけではないことに十分注意してください。

帰無仮説について、データからどのように偽であるかを判断するのかは、帰無仮説が正しいと仮定したときの、母数の推定に関わる検定のための統計量の標本分布を用いて考えます。その統計量を**検定統計量**（**test statistic**）と言います。使われる検定統計量は、95％信頼区間を算出したときに用いた統計量と同じものを使います。母分散が分かっている場合の母平均の検定ならば、標本平均をそのまま使えます。一方で、母分散が分からない場合は、第9章で学んだようにt統計量を用います。例題では母分散が分かっていないので、t統計量を用いて母平均の仮説を検定します。

具体的に検定統計量を計算してみましょう。いま、帰無仮説$\mu=100$のもとで、缶詰の重さが平均パラメータ$\mu=100$の正規分布に従うと仮定します。例から、25個の缶詰の平均$\bar{x}=98.12$g、標準偏差が$s=2.26$と分かっています。そこで、25個の缶詰のデータから検定統計量であるtの実現値、t値を計算します。t値は、

$$t=\frac{\bar{x}-\mu_0}{\sqrt{\frac{u^2}{n}}}$$

で計算ができます。ここで、μ_0は帰無仮説で立てられた値です。つまり、今回は$\mu_0=100$となります。不偏分散u^2は標本標準偏差から、$\frac{n}{n-1}s^2=\frac{25}{25-1}\times 2.26^2 \fallingdotseq 5.32$と計算ができます。よって、$t$値はこれらの値を用いて具体的に計算できて、

$$t=\frac{98.12-100}{\sqrt{\frac{5.32}{25}}} \fallingdotseq -4.08$$

となります。この－4.08はどういう意味を持つのでしょうか？

検定統計量tは、第9章で学んだようにt分布に従います。例では標本サイズ$n=25$ですから、自由度は$n-1=24$となります（図12－3）。さて、帰無仮説がもし真であれば、上式で計算されたt値は、図12－3の確率に従って得られると言えます。この、帰無仮説が真であると仮定したときの検定統計量の標本分布のことを**帰無分布（null distribution）**と呼びます。そして、いま得られたt値は－4.08でした。仮に帰無分布について、0を中心とした95％の確率で得られる領域を「よく得られそうな値の範囲」（白色）、その外側にある5％の確率で得られる領域を「めったに得られなさそうな値の範囲」（斜線部分）であるとします。統計学では、この「めったに得られなさそうな値の範囲」を**棄却域（region of rejection）**と言います。また、棄却域が占める割合のこと（上では5％）を**有意水準（significance level）**と言い、αと表記します。有意水準は、分析者が任意に決めることができますが、心理学ではほとんどの場合、慣習的に$\alpha=0.05$、すなわち5％が使われます。

自由度24のt分布の95％の範囲が0 ± 2.06ですから、t値が2.06より絶対値が大きければ、棄却域に入ることになります。このとき、棄

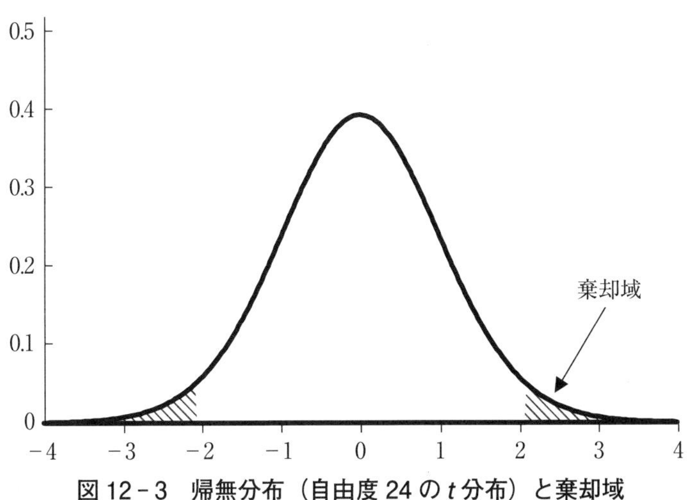

図12－3　帰無分布（自由度24のt分布）と棄却域

却域の境界に当たる値のことを、**臨界値**（critical value）と呼びます。-4.08 は臨界値 2.06 よりも絶対値が大きいことから、有意水準 5% の棄却域に入ったことになります。これは、帰無仮説が真であるとすると、検定統計量は非常に小さい確率でしか起きないようなものが得られた、というある種の矛盾を示していることになります。検定統計量が棄却域に入っているとき、統計的に有意であると言います。例では、標本平均が 98.12g でした。統計的に有意であるとは、100g の設定から見れば有意に軽い標本平均であったこと、つまり 100g の設定ではなかっただろうことが主張できます。

それでは、もし検定統計量が棄却域に入らなかったら、どう判断するのでしょうか。帰無仮説が偽ではなかったなら、真になるかと言えば、そうではありません。今回帰無仮説が偽にならなかったのは、偽であると言えるほどの十分な証拠がなかった、と判断します。つまり、帰無仮説を真と考えるのではなく、真偽判断を保留しておく状態となるのです。すでに述べたように帰無仮説が真であるとは、$\mu = 100$ という非常に強い仮説を受け入れることを意味しますが、それは限られた標本からでは主張できません。

12.2　統計的検定の手順

前節では、例を用いて統計的検定の考え方を解説しましたが、本節ではもう少し厳密に検定の手順を説明します。

12.2.1　確率モデルの設定

統計的検定では母数について仮説を立てますが、まず背景として母数が確率モデルのパラメータと対応しているという仮定が必要です。これは何かしら確率的な推論を行う上で必要な仮定です。心理学で、母平均の検定をするときは多くの場合、正規分布を確率モデルとして設定し、平均パラメータ μ と母数が対応していると考えます。しかし、すでに述べたように、常にその仮定が成り立っている保証はないため、先行研究の結果やデータのヒストグラムから、それが大きくはずれていないかを確認する必要があります。正規分布では十分近似できなさそうであれば、t 分布を用いた検定を行うのは適切でない可能性があります。ただし、母平均に関しては、標本サイズが十分大きければ、標本分布が正規分布に近づいていくという定理があります[4)]。それによって、t 分布を用いた検定は頑健である、すなわち、モデルを間違えて設定しても結果が大きく変わらない方法であると言われることもあります。

12.2.2　帰無仮説の設定

統計的検定で最も重要なのは、帰無仮説です。なぜなら、それが検定される対象だからです。帰無仮説はすでに述べたように、母数についての等号の仮説です。母数は母平均、母因果効果（平均値の差）、母相関係数などが検定の対象となります。たとえば、因果効果を見る場合は無作為割り当てがされた統制群と実験群の平均値の差について仮説を立てることになります。統制群の母平均を μ_c、実験群の母平均を μ_e としたとき、帰無仮説は

$$H_0\colon \mu_c = \mu_e$$
$$H_1\colon \mu_c \neq \mu_e$$

という仮説を立てることが多いです。この帰無仮説では、2つの群に差がないことを意味しています[5)]。もし帰無仮説が偽であることが示せれば、対立仮説である2つの群は同じではない、すなわち差があることを主張できます。つまり、その処置の因果効果があると言えるのです。

4）中心極限定理といいます。
5）ただ、この仮説は H_0：$\mu_e - \mu_c = 0$ と書くこともできます。

12.2.3　検定統計量の設定

帰無仮説が決まれば、次にどの検定統計量を計算するかを決めます。検定統計量は、確率モデルのパラメータによってどのような量を計算すべきかが決まります。たとえば正規分布の平均パラメータの場合は、母分散が分かっているなら Z 統計量、分からない場合は t 統計量を計算すればよいです。それ以外にもさまざまな母数について検定を行うことができます。検定統計量はどのような母数（厳密に言えばそれに対応する確率モデルのパラメータ）について検定したかによって変わります。それについては後述します。

12.2.4　有意水準の設定

次に、有意水準 α を設定します。すでに述べたように、有意水準は任意のものを決めることができますが、慣習的には5%が用いられます。有意水準が5%の意味は、帰無仮説が真であるとき、検定統計量がその確率以下でしか起きない領域に入るかどうかによって判断する値です。よって、帰無仮説が偽である、あるいは対立仮説が真と主張するといっても、最大で5%程度はその主張が間違えている可能性があるということです。逆に言えば、対立仮説が間違える確率は5%までは許されているとも言えます。有意水準の設定は、必ず検定を行う前に決めておく必要があります。分析結果を見て有意水準を変更するのは、本来は望ましくありません[6)]。

12.2.5　検定統計量の実現値の計算

ここまできてようやく、実際にデータから計算を行います。標本統計量から検定統計量の実現値（t 値や Z 値など）を計算し、その絶対値が臨界値を超えるか否かを判断します。臨界値を超えれば、棄却域に入る

6）しかし、実際には分析結果について有意水準がどのレベルで有意かの表記を結果によって変えることがままあります。厳密な検定のルールから言えばこれは正しくありません。

ことになりますから、帰無仮説が棄却され、対立仮説が真であると主張できます。つまり、統計的に有意となります。

12.3　統計的検定を行ううえで知っておくべきこと

本節では、統計的検定を実際に使っていくうえで知っておくべきことについて、いくつか解説します。

12.3.1　*p* 値

統計的検定では、標本から計算された検定統計量が臨界値を超えるか否かによって、帰無仮説が棄却できるかが判断されます。しかし、実際に統計ソフトウェアを使って検定をするとき、報告されるのは **p 値**と呼ばれる値です。

p 値は、臨界値が有意水準 α となるように検定統計量を 0 ～ 1 の範囲に変換した値です。検定統計量が大きいほど、p 値は小さくなります。この値を用いることで、分析者は t 分布や χ^2 分布の自由度に応じて臨界値を調べる必要がないため、検定の結果を容易に知ることができます。たとえば有意水準が 5% なら臨界値が 0.05 となり、標本から計算された p 値が 0.032 なら、0.05 より小さいため棄却域に入ると解釈できます。また、もし α が 1%、つまり 0.01 なら 0.032 のほうが大きいため、臨界値を超えておらず帰無仮説を棄却することができないことが分かります。このように、p 値は分析者がどのような有意水準を採用していても、標本サイズに基づく自由度がいくつであっても、統一的に検定を行うことができる便利な指標です。

p 値を厳密に定義すると、特定の確率モデルのもとで、「帰無仮説が真であるときの、得られた標本から計算された検定統計量と等しいかそれより極端な値が得られる確率」となります。しかしこの定義はやや分かりにくいため、次のように考えてもいいかもしれません。すなわち、「得られた標本から計算された検定統計量によってギリギリ有意になる有意水準」であるという理解です。このように理解すれば、p 値と有意水準だけを比較して検定を行うことができる理由が分かりやすいかもしれません。

注意が必要なのは、p 値は帰無仮説が真である確率、あるいは、対立仮説が偽である確率を表しているわけではない、ということです。p 値は仮説の真偽についての確率を意味していないということに十分注意しましょう。あくまで、検定統計量を変換して有意水準と比較するための統計量であると解釈するほうがいいと思います。

p 値を用いた検定では、多くの論文では、検定統計量（たとえば t 値）に加えて、p 値が有意水準以下であるかを表す記号、$p<.05$（$\alpha=0.05$ の場合）を用いてきました。しかし、近年ではソフトウェアが計算した p 値をそのまま報告することが推奨されています[7)]。つまり、$p=.032$ とのように報告します。ただし、p 値が非常に小さい値の場合は、$p<.001$ など不等号を使うこともあります。

12.3.2　統計的検定の誤りと検出力

統計的検定は、仮説についての真偽をデータに基づいて判断するとても有用な方法ですが、いくつかの限界点があります。まず、統計的検定で主張できる仮説の真偽は、100％正しいことを保証するわけではありません。以下では、統計的検定が内在する主張の誤りについて解説します。

統計的検定は、対立仮説が真であることを主張するための統計的手続きですが、その主張が必ず正しいわけではありません。なぜなら、帰無仮説を棄却するのは有意水準 α 以下の確率でしか起きないような事が

7）APA論文作成マニュアル［第２版］にも p 値を報告することが推奨されています。

起きた、という証拠に基づいていますが、逆に言えば有意水準 α の確率では起きうることでもあります。よって、帰無仮説を偽とする（すなわち対立仮説が真とする）のが間違えている確率は、α ぶんだけありえるということです。たとえば有意水準が 5% なら、対立仮説が真だとする主張は、5% の確率で誤る可能性があります。

このように、帰無仮説が真なのに、あやまって偽だと主張してしまうことを**第一種の誤り（type I error）**と呼びます。第一種の誤りが生じる確率は有意水準 α と一致します。逆に、帰無仮説が真であるとき、正しく帰無仮説を棄却しない確率は、$1-\alpha$ となります。

また、帰無仮説が本当は偽なのに、それを偽であるとは言えない（帰無仮説の判断を保留してしまう）あやまりのことを、**第二種の誤り（type II error）**と言います。第二種の誤りの確率を β で表します。第二種の誤りの確率 β は、母数が分からなければ計算することはできません。そして、$1-\beta$ は帰無仮説が偽であるときに正しく帰無仮説を棄却できる確率を表し、**検出力（power）**といいます。統計的検定では、α を維持しながら、検出力 $1-\beta$ を高くするのが望ましいです。

図 12 - 4 は、第一種の誤りの確率 α と第二種の誤りの確率 β を図示

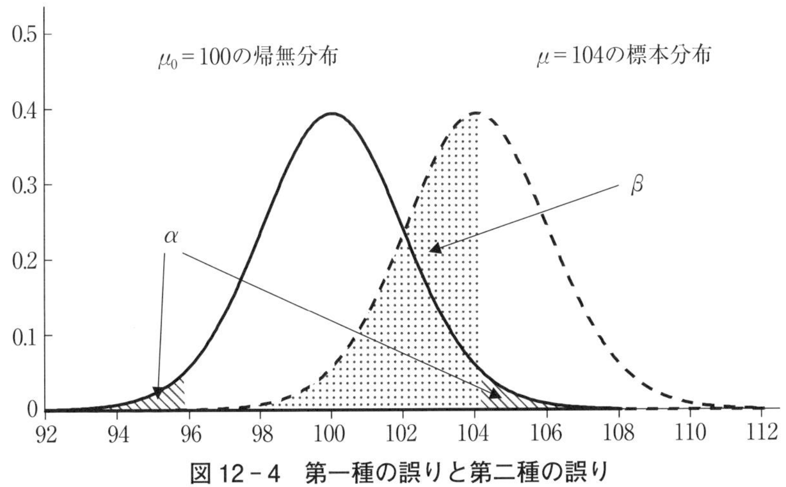

図 12 - 4　第一種の誤りと第二種の誤り

したものです。いま、未知の母平均μが104で、帰無仮説を$\mu_0=100$とした検定を行うとします。このとき、αは分析者が決めることができ、通常は5%です。それは、帰無分布の両側5%に該当するので、図12 - 4の斜線部分に該当します。一方で、βは母平均にも依存します。$\mu=104$の標本分布（図12 - 4の点線の分布）のうち、帰無分布の棄却域に入らない区間（点で塗りつぶした部分）の確率がβに対応します。一般に、αを小さくするとβは大きくなります。具体的には、第一種の誤りを減らそうとして危険率αを小さく（5%から1%）すると、本当は帰無仮説を棄却すべきなのに棄却できない誤りの確率であるβが大きくなるということです。また、$1-\beta$である検出力は、帰無仮説と真の母平均の差が大きいほど、そして標本サイズが大きいほど、大きくなります。なぜなら、効果が大きいほど帰無分布と真の母数の標本分布が離れるため、βが小さくなるからです。また標本サイズが大きくなるほど帰無分布と標本分布の幅が狭くなり、やはりβが小さくなります。つまり、大きい効果ほど、そして大きい標本サイズほど、統計的有意を検出しやすくなるのです。

12.4　さまざまな母数についての検定

本章では、統計的検定の原理と手続きについて学びました。例では母平均について検定を取り上げましたが、検定ではさまざまな母数について行うことができます。以下では、具体的にいくつかの種類の母数の検定について簡単に解説します。

12.4.1　2群の平均値の差の検定

第6章や第11章で学んだように、心理学では因果関係を明らかにするために、実験を行います。実験では、無作為に割り当てられた統制群と実験群の平均値の差を比較することで、平均因果効果を推定できるのでした。このように、心理学では 2 つ標本の平均値について仮説を立て、因果効果があることを、統計的検定を用いて主張することがあります。

対応のない 2 群の平均値の差を検定するとき、帰無仮説と対立仮説は

$$H_0: \mu_1 = \mu_2$$
$$H_1: \mu_1 \neq \mu_2$$

となります。これを別の書き方にすると、

$$H_0: \mu_1 - \mu_2 = 0$$
$$H_1: \mu_1 - \mu_2 \neq 0$$

ともなります。

いま、2 つの群の平均値を $\bar{x}_1$、$\bar{x}_2$、標準偏差を s_1、s_2、標本サイズを n_1、n_2 とします。検定統計量の計算は、1 標本の検定とほとんど同じで、$\mu_1 - \mu_2 = 0$ が成り立つもとでの t 値を計算します。まず差の不偏分散は、第 11 章と同じく、

$$u^{2*} = \frac{n_1 s_1^2 + n_2 s_2^2}{n_1 + n_2 - 2}$$

で計算ができます。標準誤差は、この不偏分散は、各群の標本サイズを使って、

$$\sqrt{u^{2*}\left(\frac{1}{n_1} + \frac{1}{n_2}\right)}$$

で求まります。ここまでは第 11 章と同じです。検定統計量 t 値は、

$$t=\frac{(\bar{x}_1-\bar{x}_2)-(\mu_1-\mu_2)}{\sqrt{u^{2*}\left(\frac{1}{n_1}+\frac{1}{n_2}\right)}}$$

で計算されます。$\mu_1-\mu_2=0$ と帰無仮説で仮定しているので、t 値は

$$t=\frac{\bar{x}_1-\bar{x}_2}{\sqrt{u^{2*}\left(\frac{1}{n_1}+\frac{1}{n_2}\right)}}$$

と標本統計量だけから計算することができます。この式で計算された t 値の標本分布は、自由度 n_1+n_2-2 の t 分布となるため、自由度から計算された臨界値を t 値が超えるか否かで帰無仮説の判断を行うことができます。

この2群の平均値の差の検定のことを、t 検定と呼ぶこともあります。

12.4.2　相関係数の検定

相関係数の検定は、ほとんどの場合、母相関係数 ρ が0、つまり H_0：$\rho=0$ のもとで行われます。$\rho=0$ における検定統計量は以下のように、

$$t=\frac{r}{\sqrt{1-r^2}}\sqrt{n-2}$$

が t 分布に従うことを利用して検定が行われます。統計的に有意であるとき、母相関係数は0ではない、つまり何かしら相関関係があることを主張することができます。このように母相関係数が0であるか否かを検定するため、無相関検定とも呼ばれます。

相関係数でも、母数が0以外の場合の帰無仮説を立てることもできますが、その場合の検定統計量 t の分布は t 分布となりません[8)]。よって、

8）非心 t 分布と呼ばれる分布に従います。

一般的には、無相関であるか否かの検定が利用されることがほとんどです。

12.4.3　クロス表の独立性の検定

第 4 章で学んだように、クロス表の行と列の変数の関連の強さを表す指標として、χ^2 値がありました。実は χ^2 値は、クロス表の行と列が無関連であるという帰無仮説 H_0: $\chi^2=0$ のもとで、そのまま検定統計量として用いることができます。検定統計量 χ^2 は、χ^2 分布と呼ばれる確率分布に従います。この特徴を用いて検定を行います。

χ^2 分布も自由度というパラメータを持っていて、その値によって分布の形状が異なります。自由度に応じた臨界値を χ^2 値が超えたとき、統計的に有意であると判断されます。有意であるとき、クロス表が無関連であることが棄却されるので、行と列になにかしら関連があることを主張できます。

学習課題

次の変数 X と Y の平均値の差が等しいという帰無仮説のもとで、統計的検定を行いましょう。ただし、母集団分布は正規分布で近似できるものとします。

ID	X	Y
A	2	3
B	6	5
C	7	8
D	3	7
E	4	6
F	5	4

参考文献

- 南風原朝和（2002）『心理統計学の基礎―統合的理解のために―』有斐閣

13　3 つ以上の平均値差の検定

紀ノ定　保礼

《目標&ポイント》 第 12 章では、2 群間の平均値差を検定する方法である、t 検定を学びました。本章では、3 群以上の間で平均値の差の検定を行う方法を解説します。この方法は、(1) t 検定を繰り返す方法、(2) 分散分析を用いる方法、に大別できます。本章では、それぞれの方法の詳細や注意点を解説します。
《キーワード》 検定の繰り返し、有意水準の調整、分散分析、F 分布

無作為抽出された実験参加者が、3 つの群にランダムに割り当てられ、実験課題を遂行したとしましょう。たとえば単語を記憶する実験であれば、(1) 単語の記憶に専念できる統制群、(2) 歌詞のない音楽を聴きながら単語を記憶する群、(3) 歌詞のある音楽を聴きながら単語を記憶する群、のような 3 群を作ることができます。1 人の実験参加者は、いずれか 1 つの条件のみを経験することになります。このような実験計画は、実験参加者間の計画と呼ばれます（表 13 - 1a）。一方、第 14 章で解説するように、1 人の実験参加者がすべての条件を経験する実験計画は、実験参加者内の計画と呼ばれます（表 13 - 1b）。今回の実験では、記憶方法という**要因（factor）**について 3 つの**水準（level）**を設けているので、1 要因 3 水準の実験参加者間計画と呼ばれることもあります。

本章では、実験参加者間計画において、3 群以上の平均値間に有意な違いが認められるかどうか検定する方法を紹介します。

表 13－1　実験参加者間計画と実験参加者内計画の違い

(a) 実験参加者間計画

群 1	群 2	群 3
A 氏	B 氏	C 氏
D 氏	E 氏	F 氏
G 氏	H 氏	I 氏
J 氏	K 氏	L 氏
M 氏	N 氏	O 氏

(b) 実験参加者内計画

条件 1	条件 2	条件 3
P 氏	P 氏	P 氏
Q 氏	Q 氏	Q 氏
R 氏	R 氏	R 氏
S 氏	S 氏	S 氏
T 氏	T 氏	T 氏

13.1　検定の繰り返し

記憶する環境が、記憶課題の成績に影響するという仮説を持っていたとしたら、「全群の母平均が等しい」という帰無仮説

$$\mu_1 = \mu_2 = \mu_3$$

を立て、それが棄却されれば仮説が支持されることになります。少なくともどこか 1 つのペア間で母平均が異なると判断されれば、上記の帰無仮説が棄却されます。第 12 章で説明したように、この帰無仮説を誤って棄却する確率を 5% 未満に抑える必要があります。

しかし、対応のない t 検定を 3 回繰り返すというやり方では（群 1－群 2 の比較、群 1－群 3 の比較、群 2－群 3 の比較）、上記の帰無仮説を誤って棄却する確率が 5% を超えてしまうことに注意が必要です。3 回の検定のうち少なくとも 1 回は第一種の誤りが発生する確率は、$1-p$（一度も第一種の誤りが発生しない）$=1-0.95^3 \fallingdotseq 0.143$ です。そして検定回数が増えれば増えるほど、その中の少なくともどこか 1 つに第一種の誤りが発生する可能性が上昇してしまうのです。

13.1.1　Bonferroni 法による有意水準の調整

検定の繰り返しによる、第一種の誤りの生起確率の上昇という問題に対処するために、さまざまな手法が存在します。その中の 1 つが、有意水準の調整です。

許容する第一種の誤りの発生確率を 5% ($\alpha=0.05$) と設定した場合、帰無仮説検定を 3 回繰り返したとしたら、3 回の検定うち少なくとも 1 回は第一種の誤りが発生する確率は 0.143 でした。ここで、1 回 1 回の検定において第一種の誤りが発生しにくくなるように、1 回 1 回の検定における有意水準を下げてみましょう。検定を 3 回繰り返す場合、1 回 1 回の検定における有意水準を

$$\frac{\alpha}{3}=\frac{0.05}{3}\fallingdotseq 0.017$$

としてみます。すると、3 回のうち少なくとも 1 回、第一種の誤りが発生する確率は、

$$1-p(\text{一度も第一種の誤りが発生しない})=$$
$$1-\left(1-\frac{0.05}{3}\right)^3=1-\left(\frac{2.95}{3}\right)^3\fallingdotseq 0.049$$

です。今回の標本を用いた t 検定全体における第一種の誤りの発生確率を、事前に定めた有意水準以下に抑えられました。

実はこの方法は、検定を繰り返す数によらず適用することができます。たとえば群 1、群 2、群 3、群 4 の 4 群間で平均値差の検定を行う場合、組み合わせの総数は ${}_4C_2=6$ になります。そのうち少なくとも 1 回、第一種の誤りが発生する確率は、1 回 1 回の検定における有意水準を

$$\frac{\alpha}{6}=\frac{0.05}{6}\fallingdotseq 0.00833$$

とすると、$1-(1-0.00833)^6=1-0.99167^6\fallingdotseq 0.04895$ です。このように、

検定を繰り返す回数で、1 回 1 回の帰無仮説検定における有意水準 α を割ることにより、1 回 1 回の検定で第一種の誤りが発生する確率を低くし、分析全体での第一種の誤りの発生確率を一定以下に抑える方法を、**Bonferroni 法**と呼びます。

13.1.2 Holm 法による有意水準の調整

Bonferroni 法は第一種の誤りの発生確率を一定以下に抑えることができる、優れた手法です。本章では、t 検定の繰り返しという文脈で Bonferroni 法を紹介しましたが、たとえば第 12 章で紹介したような、相関係数の検定を繰り返す場合にも適用可能です。

ただし、仮に帰無仮説を棄却することが真実に照らして正しい判断であったとしたら、検定回数が増えれば増えるほど、帰無仮説を棄却するべきときに棄却しないという判断をくだす、第二種の誤りが起こりやすくなります。Bonferroni 法は第一種の誤りの調整には適していますが、その代償として第二種の誤りの発生確率を高めてしまう恐れがあります。

そこで、Bonferroni 法を改良した方法が提案されました。これにはいくつかのバリエーションがあります。たとえば **Holm 法**では、次の 2 点が Bonferroni 法と異なります。第一に、有意水準の調整の対象となる、k 個すべての検定について p 値を求め、p 値が小さい検定から順に、有意水準を

$$\frac{\alpha}{k}, \frac{\alpha}{k-1}, \frac{\alpha}{k-2}, \cdots, \alpha$$

と段階的に緩和しながら帰無仮説を棄却可能か判断していきます。第二に、帰無仮説を棄却できなくなった時点で、それ以降のすべての帰無仮説を棄却しない（保留する）という判断をくだします。詳しくは永田・

吉田（1997）を参照してください。

13.2　分散分析

13.2.1　*t* 検定から分散分析へ

m 個（$m \geq 3$）の群[1] に実験参加者を無作為に割り当てたとき、「全群の母平均は等しい（$\mu_1 = \mu_2 = \cdots = \mu_m$）」という帰無仮説を 1 つ立て、これを 1 回の検定で検定するということも可能です。もしこの帰無仮説が棄却されれば、少なくとも 1 つのペア間で母平均が異なる可能性があります。この方法が、本節で紹介する**分散分析**（ANOVA: analysis of variance）です。

分散分析は、t 検定の拡張ととらえることができます。t 検定において、標本統計量から検定統計量 t を計算したように、分散分析では ***F* 分布**（*F* distribution）という確率分布に従う検定統計量 F を計算します。t 検定と同様に、本章で解説する実験参加者間計画における分散分析においても、(1) 単純無作為抽出により標本が得られていること、(2) 各群の母集団からの標本抽出は正規分布で近似できること[2]、(3) その正規分布の分散は全群で等しいこと、という仮定が満たされている必要があります[3]。これらの仮定が正しく満たされていた場合、帰無仮説「全群の母平均は等しい」のもとで期待される F と、標本統計量から計算された F を比較することで、帰無仮説とデータの矛盾を検証できます。

理由はコラムで後述しますが、検定統計量 F の実現値である ***F* 値**（*F* value）は、データ全体の変動を、群の違い（要因）に由来する変動と、

1）実際は $m \geq 2$ でよいのですが、ここでは t 検定と区別するために、$m \geq 3$ としています。

2）ただし分散分析でも t 検定と同様に、標本サイズが十分に大きい場合は、この仮定からの逸脱に頑健であることが知られています。

3）本章では説明を省略しますが、分散分析自体を実行する前に、仮定 (2) と (3) が満たされるかどうかを検定することも可能です。ただし詳しくは第 15 章で説明するように、平均値差の検定においては「群間で分散が不均一である」ことを仮定した方法が存在します。

それ以外の誤差に由来する変動に分割し、それらの比を利用することで次のように求められます。

$$F=\frac{\sum_{j=1}^{m}\sum_{i=1}^{n}(\bar{X}_j-\bar{X})^2}{m-1}\bigg/\frac{\sum_{j=1}^{m}\sum_{i=1}^{n}(X_{ij}-\bar{X}_j)^2}{m(n-1)} \quad (13.1)$$

ここで X_{ij} は、j 番目の群における i 個目のデータを表します。

式（13.1）のうち $\sum_{j=1}^{m}\sum_{i=1}^{n}(\bar{X}_j-\bar{X})^2$ は、各群の平均値 $\bar{X}_j$ が全体の平均値 $\bar{X}$ から散らばっている程度を反映しています。すなわち、群の違い（要因）に由来する変動を反映しています。一方 $\sum_{j=1}^{m}\sum_{i=1}^{n}(X_{ij}-\bar{X}_j)^2$ は、個々のデータ X_{ij} が各群の平均値 $\bar{X}_j$ から散らばっている程度を反映しています。すなわち、群とは無関係な誤差に由来する変動を反映しています。これらはいずれも、偏差を二乗して足し合わせることで求められているので、**偏差平方和**（sum of squared deviations）と呼ばれます。偏差平方和を利用することにより、検定統計量 F の実現値が得られることになります。

コラム

検定統計量 F と χ^2 分布の関係

標本サイズ n が等しい m 個の群それぞれのデータが、母平均に関する帰無仮説が $\mu=\mu_1=\mu_2=\cdots=\mu_m$ で、母分散がすべて σ^2 の正規分布から単純無作為抽出された標本とみなせるとき、第 8 章で学んだように各群の標本平均 $\bar{X}_j$ の標本分布は、それぞれ平均が μ で分散が σ^2/n の正規分布に従います。また母平均 μ と標準誤差 $\sqrt{\sigma^2/n}$ で標準化した場合は標準正規分布に従います。

標準正規分布に従う確率変数

$$\frac{\bar{X}_j-\mu}{\sqrt{\sigma^2/n}}$$

の平方和

$$\sum_{j=1}^{m}\left(\frac{\bar{X}_j-\mu}{\sqrt{\sigma^2/n}}\right)^2=\sum_{j=1}^{m}\frac{(\bar{X}_j-\mu)^2}{\sigma^2/n}$$

は、第 9 章で学んだように、自由度 m の χ^2 分布に従います。ただし一般には母平均 μ は未知なので、群を区別せずに計算した全データの平均 $\bar{X}$ で μ を置き換えると、

$$\sum_{j=1}^{m}\frac{(\bar{X}_j-\bar{X})^2}{\sigma^2/n}$$

は自由度 $m-1$ の χ^2 分布に従います。

ここで、未知の母分散 σ^2 を不偏分散 U^2 で置き換えた

$$\sum_{j=1}^{m}\frac{(\bar{X}_j-\bar{X})^2}{U^2/n}$$

という統計量を考えます。導出の詳細は省略しますが、この統計量を自由度 $m-1$ で割った

$$\frac{1}{m-1}\sum_{j=1}^{m}\frac{(\bar{X}_j-\bar{X})^2}{U^2/n}$$

は、変形すると

$$\frac{\chi_1^2/(m-1)}{\chi_2^2/(m(n-1))}$$

の形になります。χ_1^2 と χ_2^2 は、それぞれ自由度が $m-1$ と $m(n-1)$ の χ^2 分布に従う、独立な確率変数です。この比

$$F=\frac{\chi_1^2/(m-1)}{\chi_2^2/(m(n-1))}$$

は、自由度（$m-1,\ m(n-1)$）の F 分布に従います。

詳細は割愛しますが、

$$F=\frac{1}{m-1}\sum_{j=1}^{m}\frac{(\bar{X}_j-\bar{X})^2}{U^2/n}$$

を変形すると

$$F=\frac{1}{m-1}\sum_{j=1}^{m}\frac{(\bar{X}_j-\bar{X})^2}{U^2/n}=\frac{\sum_{j=1}^{m}\sum_{i=1}^{n}(\bar{X}_j-\bar{X})^2}{m-1}\Big/\frac{\sum_{j=1}^{m}\sum_{i=1}^{n}(X_{ij}-\bar{X}_j)^2}{m(n-1)} \quad (13.1)$$

という比になります。

13.2.2　サンプルデータ

本章では表 13 - 2 のサンプルデータを用いて、“分散分析の発想”を解説することを主な目的とします。そのため本章で解説する計算方法は、一般的な統計ソフトウェアが採用している方法とは異なります。また、分散分析が最も理想的に適用できる状況を取り上げ、上述のすべての仮定が満たされているとします[4)]。さらに表 13 - 2 のように、全群の標本サイズが等しい状況のみに説明を限定します。現実の実験や調査で得られるデータは、必ずしも上述の仮定が満たされるかどうか分からなかったり、あるいは満たされなかったり、各群のサンプルサイズが異なって

表 13 - 2　サンプルデータ

	群 1	群 2	群 3	群 4
	3	5	8	6
	4	4	8	9
	1	7	6	5
	1	6	7	8
	6	3	4	11
各群の平均	3.0	5.0	6.6	7.8
各群の分散	3.60	2.00	2.24	4.56
全体平均				5.6

4）実際に表 13 - 2 の各群のデータは、それぞれ平均が 4、6、7、8 で、分散がすべて 4 の正規分布から発生させた乱数です（小数点以下は四捨五入）。

いたりします。そのような場合にはさまざまな補正が必要になることがあります[5)]。

13.2.3　偏差平方和

まず、式（13.1）のうち偏差平方和を求めます。表 13 - 2 内の 1 つ 1 つのデータを、x_{ij} で表すことにします。ここで $i=1,2,3,4,5$ は行番号を、$j=1,2,3,4$ は列番号を表します。たとえば、群 1 における 6 という値は、表 13 - 2 のなかで 5 行 1 列の場所に存在するので、$x_{51}=6$ です。また、各群の平均値を $\bar{x}_j$ で、群を区別しない全体の平均値を $\bar{x}$ で表します（図 13 - 1）。

式（13.1）のうち $\sum_{j=1}^{m}\sum_{i=1}^{n}(\bar{x}_j-\bar{x})^2$ は、各群の平均値 $\bar{x}_j$ と全体平均 $\bar{x}$ の偏差を用いて計算しているので、群間の偏差平方和（ss_{group}）と呼ばれます。今回のデータでは、$\sum_{j=1}^{4}\sum_{i=1}^{5}(\bar{x}_j-\bar{x})^2=\sum_{j=1}^{4}5(\bar{x}_j-\bar{x})^2=5\sum_{j=1}^{4}(\bar{x}_j-\bar{x})^2$ と変形できるので、

$$ss_{\text{group}}=5\left\{(3.0-5.6)^2+(5.0-5.6)^2+(6.6-5.6)^2+(7.8-5.6)^2\right\}=64.8$$

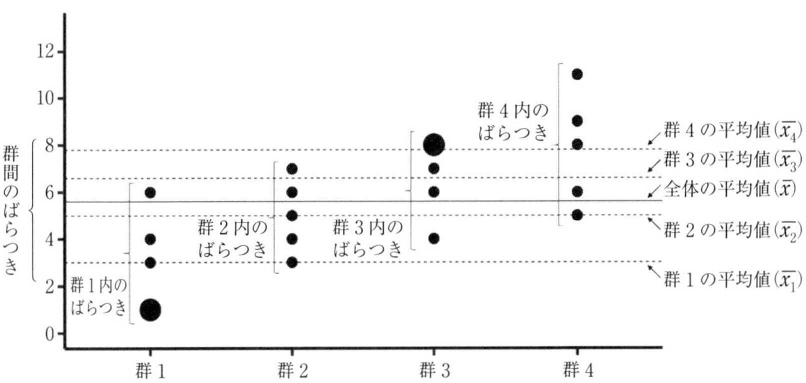

図 13 - 1　サンプルデータ。大きな点は、2 つの点が重なっていることを表す。水平線（実線）は全体の平均値。水平線（破線）は各群の平均値。

5）詳しくは山内（2008）などを参考にしてください。

になります。

次に式（13.1）のうち$\sum_{j=1}^{m}\sum_{i=1}^{n}(x_{ij}-\bar{x}_j)^2$は、1つ1つの値$x_{ij}$と、その値が属する群の平均値$\bar{x}_j$の偏差を用いて計算しています。これは、群の処置効果とは無関係な影響と考えられるので、誤差の偏差平方和（ss_{error}）と呼ばれます。この計算では、群ごとにその群内での偏差平方和を求め、最後に合計すればよいことになります[6)]。群1における個々のデータをx_{i1}、群1の平均を$\bar{x}_1$と表すと、群1の偏差平方和は

$$\sum_{i=1}^{5}(x_{i1}-\bar{x}_1)^2=(3-3.0)^2+(4-3.0)^2+(1-3.0)^2+(1-3.0)^2+(6-3.0)^2=18.0$$

です。同様にして群2の偏差平方和は10.0、群3の偏差平方和は11.2、群4の偏差平方和は22.8です。よって誤差の偏差平方和の合計は、$ss_{\mathrm{error}}=18.0+10.0+11.2+22.8=62.0$となります。

コラム

平方和の分解

群を区別せずに、1つ1つの値x_{ij}が全体平均$\bar{x}$からどの程度離れた位置にあるかを偏差で表すと、$x_{ij}-\bar{x}$です。この式を以下のように変形してみます。

$$x_{ij}-\bar{x}=x_{ij}-\bar{x}+(\bar{x}_j-\bar{x}_j)=(x_{ij}-\bar{x}_j)+(\bar{x}_j-\bar{x}) \qquad (13.2)$$

各群の平均値$\bar{x}_j$を足して引くという、一見無駄なことをしているように見えるかもしれませんが、さらに式を変形することにより、1つ1つの値と全体平均との偏差は、

- 1つ1つの値と、その値が属する群の平均値との偏差（$x_{ij}-\bar{x}_j$）

6）$ss_{\mathrm{error}}=\sum_{j=1}^{4}\sum_{i=1}^{5}(x_{ij}-\bar{x}_j)^2=\sum_{i=1}^{5}(x_{i1}-\bar{x}_1)^2+\sum_{i=1}^{5}(x_{i2}-\bar{x}_2)^2+\sum_{i=1}^{5}(x_{i3}-\bar{x}_3)^2+\sum_{i=1}^{5}(x_{i4}-\bar{x}_4)^2$

なお表13－2には各群の分散が掲載されているので、各群の分散に、各群の標本サイズを掛けることでも、誤差の偏差平方和を求められます。

• 各群の平均値と、全体平均との偏差（$\bar{x}_j - \bar{x}$）

の和として表現できることが分かります。これは、1つ1つの値が全体平均とは異なっている理由を、ある群に属することの処置効果の影響と(第6章参照)、処置効果とは無関係な誤差の影響に分解して考えられることを意味しています。

さらに式（13.2）は以下のように変形できます。

$$x_{ij} - \bar{x} = (x_{ij} - \bar{x}_j) + (\bar{x}_j - \bar{x}) \qquad (13.2)$$

$$x_{ij} = \bar{x} + (x_{ij} - \bar{x}_j) + (\bar{x}_j - \bar{x}) \qquad (13.3)$$

式（13.3）より、1つ1つの値は、

• 全体平均（$\bar{x}$）
• 1つ1つの値と、その値が属する群の平均値との偏差（$x_{ij} - \bar{x}_j$）
• 各群の平均値と、全体平均との偏差（$\bar{x}_j - \bar{x}$）

の和であることが分かります。直感的には各参加者の値は、

1. 最低限、全体平均の値を示す
2. 群ごとの処置効果によって調整を受ける
3. 群とは無関係な、個人ごとに異なる誤差の影響により調整を受ける

と考えられます。

面白いことに、偏差平方和に関しても式（13.2）と同様に、1つ1つの値と全体平均との偏差平方和は、

• 1つ1つの値と、その値が属する群の平均値との偏差平方和
• 各群の平均値と、全体平均との偏差平方和

の和として表現できます。

$$\sum_{j=1}^{4}\sum_{i=1}^{5}(x_{ij} - \bar{x})^2 = \sum_{j=1}^{4}\sum_{i=1}^{5}(x_{ij} - \bar{x}_j)^2 + \sum_{j=1}^{4}\sum_{i=1}^{5}(\bar{x}_j - \bar{x})^2 \quad (13.4)$$

なぜなら、式（13.2）$x_{ij}-\bar{x}=(x_{ij}-\bar{x}_j)+(\bar{x}_j-\bar{x})$の両辺について偏差平方和を求めると、

$$\sum_{j=1}^{4}\sum_{i=1}^{5}(x_{ij}-\bar{x})^2=\sum_{j=1}^{4}\sum_{i=1}^{5}\left\{(x_{ij}-\bar{x}_j)+(\bar{x}_j-\bar{x})\right\}^2$$

$$=\sum_{j=1}^{4}\sum_{i=1}^{5}\left\{(x_{ij}-\bar{x}_j)^2+2(x_{ij}-\bar{x}_j)(\bar{x}_j-\bar{x})+(\bar{x}_j-\bar{x})^2\right\}$$

$$=\sum_{j=1}^{4}\sum_{i=1}^{5}(x_{ij}-\bar{x}_j)^2+\sum_{j=1}^{4}\sum_{i=1}^{5}2(x_{ij}-\bar{x}_j)(\bar{x}_j-\bar{x})+\sum_{j=1}^{4}\sum_{i=1}^{5}(\bar{x}_j-\bar{x})^2$$

$$=\sum_{j=1}^{4}\sum_{i=1}^{5}(x_{ij}-\bar{x}_j)^2+\sum_{j=1}^{4}2(\bar{x}_j-\bar{x})\sum_{i=1}^{5}(x_{ij}-\bar{x}_j)+\sum_{j=1}^{4}\sum_{i=1}^{5}(\bar{x}_j-\bar{x})^2$$

になり、右辺第2項が$\sum_{i=1}^{5}(x_{ij}-\bar{x}_j)=0$によりまるごと消えるからです（第3章参照）。

実際に、全体の偏差平方和（ss_{total}）を求めてみましょう。この計算は、群を区別せずに、個々の実現値と全体平均の偏差から偏差平方和を求めることと同じです。

$$ss_{\text{total}}=\sum_{j=1}^{4}\sum_{i=1}^{5}(x_{ij}-\bar{x})^2=(3-5.6)^2+(4-5.6)^2+\cdots+(8-5.6)^2+(11-5.6)^2$$

$$=126.8$$

確かに、データ全体の偏差平方和を、群間の偏差平方和と誤差の偏差平方和の和として分解できました（126.8＝64.8＋62.0）。

13.2.4　自由度の分解

次に、式（13.1）における$m-1$と$m(n-1)$を求めます。これらはそれぞれ、群間の影響に関する自由度と、誤差の影響に関する自由度に

対応しています。群間の影響に関する自由度 $m-1$ は、群の数 -1 に相当するので、今回は $4-1=3$ です。一方、誤差の影響に関する自由度 $m(n-1)$ は、各群の標本サイズ -1 を群の数だけ足し合わせたものになります。したがって誤差の自由度は、$4(5-1)=16$ です。

13.2.5　平均平方

式（13.1）の通り、偏差平方和を自由度で割ると、**平均平方**（mean square）が求められます。平均平方は不偏分散に相当することから、母平均が群間で異なるかどうかを知りたいのに、なぜ“分散”分析という名称なのかの答えがここで分かりました。データには通常、変動すなわち分散が存在しますが、その分散が群の違いに由来する分散なのか、それ以外の誤差に由来する分散なのかを切り分けることにより、母平均の違いを推論するからです。

群間の平均平方は $\dfrac{64.8}{3}=21.6$、誤差の平均平方は $\dfrac{62.0}{16}=3.875$ です。

13.2.6　F 値を用いた検定

これでいよいよ、式（13.1）の比を求めることができます。（群間の平均平方）/（誤差の平均平方）の比が F 値です。F 値が 1 より大きければ、相対的に群の影響のほうが誤差の影響よりも、目的変数（観測データ）の変動に寄与していたことが分かります。今回は $F=\dfrac{21.6}{3.875}\fallingdotseq 5.57$ です。ここまで明らかになったすべての情報を表にまとめると、表 13 - 3 のようになります。この表を、**分散分析表**（ANOVA table）と呼

表 13 - 3　分散分析表

	偏差平方和	自由度	平均平方	F 値
群間	64.8	3	$\dfrac{64.8}{3}=21.6$	5.57
誤差	62.0	16	$\dfrac{62.0}{16}=3.875$	
全体	126.8	19		

びます。

前述のように、検定統計量Fは帰無仮説「全群の母平均が等しい」のもとで、F分布という確率分布に従います。F分布の形状は、群間の自由度と誤差の自由度の2つによって決まります。さまざまな自由度のもとでF分布の形状がどのように変化するかを、図13－2に概観します。群間の自由度が大きくなるにつれ、分布のピークの位置が右側に移動していることが分かります。また、群間の自由度が同じでも、誤差の自由度が大きくなるにつれ、黒い領域と白い領域の境界が、左側に移動していることが分かります。この境界が臨界値です。F値は式（13.1）の比であるため、必ず0以上の値になります。そのためt分布と異なり、F分布の臨界値は1点だけになります。

今回は実験操作の自由度が3、誤差の自由度が16であるため、これらの自由度で決定されるF分布は、図13－2の2行2列目のようにな

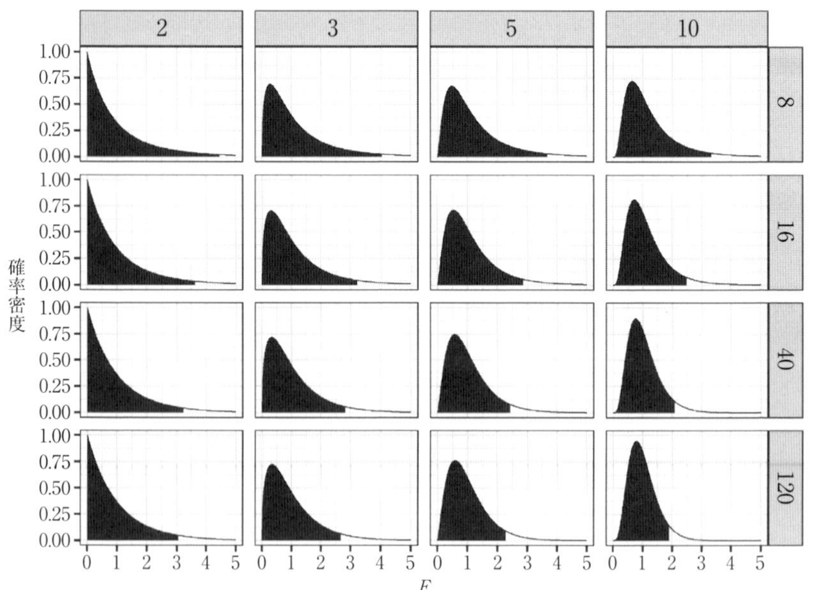

図13－2　F分布。水平方向のパネルは群間の自由度、垂直方向のパネルは誤差の自由度を表す。黒い領域は、F分布の左端から95%の領域。

ります。今回の臨界値は 3.24 です。標本から計算された F 値 5.57 は、この臨界値を上回っています。コンピュータを用いて、p 値、すなわち標本抽出を繰り返した際に今回以上に大きな F 値が得られる確率を計算すると、$p \fallingdotseq 0.01$ です。よって、分散分析の仮定が正しく満たされていた場合、帰無仮説「全群の母平均が等しい」のもとでは、標本抽出を繰り返したとしても、今回の標本のようなデータが得られる確率は 5% 以下ということになります。したがって帰無仮説「全群の母平均が等しい」を棄却します。

結果の報告の際には、少なくとも 2 つの自由度と F 値、および p 値を報告することが一般的です（$F(3, 16) = 5.57, p = .01$）。ただし次に説明するように、効果量についても報告することが望ましいです。

13.3　標準化効果量と信頼区間

ある実験操作の影響を帰無仮説検定によって 2 値的に判断するだけではなく、効果の大きさも併せて評価しましょう。分散分析にはさまざまな種類の効果量が提案されていますが、代表的な指標として、**η^2（イータ 2 乗）**を紹介します。η^2 は、全体の偏差平方和に占める、関心のある要因の偏差平方和の割合です。したがって 0 ～ 1 の範囲を取り、1 に近いほどデータの変動が群の変動で説明できることを表します。表 13 - 3 の分散分析表を参考にすると、今回の実験操作の η^2 は $\frac{64.8}{126.8} \fallingdotseq .51$ になります。

なお他の分析と同様に、標本が確率変数であるため効果量もまた確率変数です。よって効果量の点推定値だけでなく、信頼区間も報告することが重要です[7]。効果量の信頼区間を算出するのは容易ではありませんが、計算を行うソフトウェアもあります。

7）η^2 の信頼区間については、南風原（2014）を参考にしてください。

学習課題

実際に統計ソフトウェアを用いて、表 13 - 2 のデータに対して分散分析を実行してみましょう。ただし表 13 - 2 のデータは、以下のように並び替えてください。

実験参加者	群	値
1	1	3
2	1	4
3	1	1
⋮	⋮	⋮
18	4	5
19	4	8
20	4	11

引用文献

- 永田靖・吉田道弘（1997）『統計的多重比較法の基礎』サイエンティスト社
- 山内光哉（2008）『心理・教育のための分散分析と多重比較』サイエンス社
- 南風原朝和（2014）『続・心理統計学の基礎―統合的理解を広げ深める―』有斐閣

参考文献

- 川端一光・荘島宏二郎（2014）『心理学のための統計学入門』誠信書房
- 皆本晃弥（2016）『スッキリわかる確率統計―定理のくわしい証明つき―』近代科学社
- 山田剛史・村井潤一郎（2004）『よくわかる心理統計』ミネルヴァ書房

14　対応のある３つ以上の平均値差の検定

紀ノ定　保礼

《目標＆ポイント》　第 13 章では、実験参加者間の分散分析の基本的な原理を解説しました。本章では、条件間に対応がある場合の分散分析、すなわち実験参加者内の分散分析の理屈を解説します。また、分散分析で帰無仮説が棄却された後に、どの条件間で有意な差が認められるかを検証する、多重比較についても紹介します。

《キーワード》　分散分析、F 分布、多重比較、球面性の仮定

14.1　実験参加者内の分散分析

14.1.1　実験参加者間分散分析と実験参加者内分散分析の違い

第 13 章では、実験参加者間計画において、各群の母平均を比較する方法を紹介しました。しかし現実の研究では、1 人の実験参加者が複数の条件[1] をすべて経験する、実験参加者内計画で実験が実施されることも多いです。実験参加者間計画と実験参加者内計画の違いは、第 13 章の表 13 - 1 を参照してください。

実験参加者間計画では、実験操作（群）以外の影響をすべて、誤差の影響と見なしました。しかし実験参加者内計画では、実験操作（条件）以外にも特定可能な要因が存在します。それは、個人差という要因です。実験参加者間計画と実験参加者内計画の重要な違いは、実験参加者内計画では条件同士が独立ではないということです。同じ実験参加者がすべての条件を経験するため、条件間で相関が生まれます。たとえば反応時

1）実験参加者内計画では、“群”という概念がないので、本章では“条件”と呼びます。

間を測定する実験では、せっかちな人はすべての条件で早く反応するかもしれないし、慎重な人はすべての条件で反応が遅いかもしれません。この相関を考慮する点が、実験参加者内計画の分散分析の特徴です。

本章では、表 14 - 1 のサンプルデータを用いて、実験参加者内計画の分散分析により、4 つの条件間で母平均を比較する方法を説明します。実験参加者間計画と実験参加者内計画における分散分析の違いを分かりやすくするため、表 14 - 1 の数値は、第 13 章の表 13 - 2 と全く同じにしています[2)]。

個人差の影響は、表 14 - 1 の右端の列にある参加者ごとの平均値から手掛かりを得ることができます。もし実験参加者の違いに由来する変動が 0 であれば、実験参加者内平均は全参加者で等しくなるはずです。しかし表 14 - 1 のように、実験参加者ごとに条件間の平均値が異なっているということは、これらの変動を実験参加者の違いに由来する影響と見なすことができます。

個人差に由来する影響が特定できるということは、その分、誤差と見

表 14 - 1　サンプルデータ

	条件 1	条件 2	条件 3	条件 4	参加者内平均
参加者 A	3	5	8	6	5.5
参加者 B	4	4	8	9	6.25
参加者 C	1	7	6	5	4.75
参加者 D	1	6	7	8	5.5
参加者 E	6	3	4	11	6.0
各条件の平均	3.0	5.0	6.6	7.8	
各条件の分散	3.60	2.00	2.24	4.56	
全体平均				5.6	

2）同じデータに対して、実験参加者間計画の分散分析も、実験参加者内計画の分散分析も、好きな方を適用できるという意味ではありません。単純無作為抽出された実験参加者に対して、実験参加者内計画で実験を行ったところ、たまたま表 14 - 1 のようなデータが得られたと考えてください。分析方法の選択肢は、データの測定方法と密接に関係しています。

なされる影響が割り引かれることになります。すなわち誤差の影響を、「実験参加者の違いに由来する影響」と、「実験参加者の違いでも説明できない残りの誤差の影響」にさらに分解することができるのです。

14.1.2　実験参加者内の分散分析における仮定

実験参加者間計画の分散分析では、(1) 単純無作為抽出により標本が得られていること、(2) 各群の母集団からの標本抽出は正規分布で近似できること、(3) その正規分布の分散は全群で等しいこと、という 3 つの仮定が満たされていることが重要でした。このうち (1) は実験参加者内計画の分散分析でも同様です。(2) に関しては、実験参加者内計画では“群”という概念が存在しないため、各条件の母集団からの標本抽出は正規分布で近似できること、と言い換えます。(3) に関しては、実験参加者内計画では本章の最後で説明する**球面性の仮定**（**sphericity assumption**）に変わります。球面性の仮定とは、「各条件間の "差" の分散がすべて等しい」という仮定を指します。すなわち、4 条件が存在するとき、(1) 条件 1 と条件 2 の差の分散、(2) 条件 1 と条件 3 の差の分散、(3) 条件 1 と条件 4 の差の分散、(4) 条件 2 と条件 3 の差の分散、(5) 条件 2 と条件 4 の差の分散、(6) 条件 3 と条件 4 の差の分散、の 6 つの分散がすべて等しいという仮定です。条件数が 2 のときは、条件間の差の分散は 1 つしか存在しないので、球面性の仮定は常に満たされます。

本章ではまず、すべての仮定が満たされた状態を想定した説明を行います。そして本章の最後で、球面性の仮定からの逸脱に対応する方法を紹介します。

14.1.3　分散分析表

実験参加者内計画では、表 14 - 2 のような分散分析表を作ります。実験参加者間計画の分散分析表に、個人差という行が追加されていることに注目してください。この行に、実験参加者の違いに由来する影響を記入していきます。条件という行は、実験参加者間計画の分散分析表における群間の行に相当します。

条件と全体の、偏差平方和と自由度は、第 13 章において判明しています。また、個人差と誤差についても、これらの合計の偏差平方和や自由度は、第 13 章において判明しています。

まず、実験参加者の個人差に由来する偏差平方和を求めます。これは以下のように、各実験参加者内の平均 $\bar{x}_i$ の、全体平均 $\bar{x}$ からの偏差を用いて計算できます。

$$
\begin{aligned}
\sum_{j=1}^{4}\sum_{i=1}^{5}(\bar{x}_i-\bar{x})^2 &= 4\sum_{i=1}^{5}(\bar{x}_i-\bar{x})^2 \\
&= 4\left\{(5.5-5.6)^2+(6.25-5.6)^2+(4.75-5.6)^2+(5.5-5.6)^2\right. \\
&\quad \left.+(6.0-5.6)^2\right\}=5.3
\end{aligned}
$$

になります。

個人差と誤差の偏差平方和は合計が 62.0 であることは、実験参加者間計画（第 13 章）で判明しているので、実験参加者の違いでも説明しきれない残りの誤差の偏差平方和は、$62.0-5.3=56.7$ です。

次に、実験参加者の個人差と関係する自由度を求めます。個人差の自由度は、（実験参加者数 − 1）で求めることができるため、$5-1=4$ です。したがって誤差の自由度は、$16-4=12$ です。

表 14 − 2　分散分析表

	偏差平方和		自由度		平均平方	F 値
条件	64.8		3		21.6	4.57
個人差	5.3	合計	4	合計		
誤差	56.7	62.0	12	16	4.725	
全体	126.8		19			

実験参加者内計画でも、偏差平方和を自由度で割ることにより、平均平方を求めます（表 14 - 2）。

そして第 13 章で解説した通り、F 値は実験操作（条件）に由来する平均平方と、誤差に由来する平均平方の比で求めることができました。したがって、$F = \dfrac{21.6}{4.725} \fallingdotseq 4.57$ です。

14.1.4　*F* 値を用いた検定

帰無仮説「全条件の母平均が等しい」が正しいとき、条件の自由度 3 と、誤差の自由度 12 により決定される F 分布は、図 14 - 1 のようになります。有意水準を $\alpha = 0.05$ と定めたとき、今回の臨界値は 3.49 です。標本から計算された F 値 4.57 は、この臨界値を上回っています。コンピュータを用いて、p 値、すなわち標本抽出を繰り返した際に今回以上に大きな F 値が得られる確率を計算すると、約 $p = .02$ です。よって、分散分析の仮定が正しく満たされていた場合、帰無仮説「全条件の母平均が等しい」のもとでは、標本抽出を繰り返したとしても、今回の標本

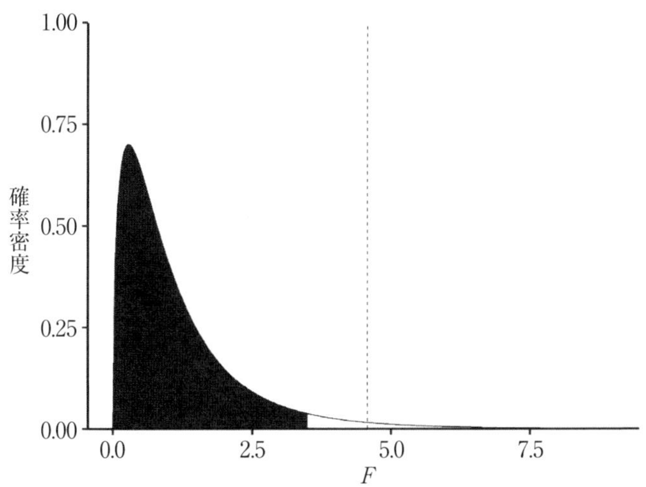

図 14 - 1　$F(3, 12)$ の F 分布。破線は今回の標本から計算した F 値。黒い領域は、F 分布の左端から 95% の領域。

のようなデータが得られる確率は5%以下ということになります（$F(3, 12) = 4.57$, $p = .02$）。したがって帰無仮説を棄却し、「少なくともどこか1つの条件間で母平均は異なる」と推論できます。

14.1.5　標準化効果量と信頼区間

実験参加者間計画と同じく、ある実験操作の影響が認められたか否かを、帰無仮説検定によって2値的に判断するだけではなく、効果の大きさも併せて評価しましょう。まずは第13章でも紹介した、η^2を求めます。η^2は、全体の偏差平方和に占める条件の偏差平方和の割合で、1に近いほどデータの変動が群（条件）の変動で説明できることを表すのでした。

表14 - 2の分散分析表を参考にすると、条件のη^2は$\dfrac{64.8}{126.8} \fallingdotseq .51$になります。第13章と第14章では全く同じデータを使用したため、条件（または群間）のη^2は、実験参加者間計画でも実験参加者内計画でも同じになっています。

次に、η_p^2**（偏イータ2乗）**という効果量を紹介します。η^2と違うのは、全体の偏差平方和から、個人差に由来する偏差平方和を除いたうえで、条件（または群間）の偏差平方和が占める比率を計算する点です。したがって、個人差に由来する偏差平方和を分解しない実験参加者間計画では、η^2とη_p^2は同じになります。一方、実験参加者内計画では一般的にη^2よりもη_p^2のほうが大きくなります。今回は、

$$\eta_p^2 = \frac{64.8}{126.8 - 5.3} = \frac{64.8}{121.5} \fallingdotseq .53$$

です。

ある実験参加者内計画の実験で、刺激の色が反応時間に及ぼす影響を検証したところ、$\eta_p^2 = .15$だったとしましょう。別の実験参加者内計画の実験で、刺激の大きさが反応時間に及ぼす影響を検証したところ、η_p^2

=.35 だったとしましょう。効果量の比較に基づくと、刺激の色よりも大きさのほうが、反応時間に及ぼす影響が大きいと推察されます。しかし実験計画が複雑になるほど、η^2 や η_p^2 の比較可能性が変わります [3)]。そのため、1 つの効果量の指標にのみ依存するのではなく、今回紹介しなかった効果量の指標も含めて、状況に応じて柔軟に使い分けてください。

そして、やはり標本が確率変数である以上、効果量もまた確率変数であることに注意してください。

14.1.6　分散分析後の多重比較

分散分析を実施した結果、帰無仮説「全条件の母平均が等しい」が棄却されても、どの条件間で母平均が異なるかは分かりません。全条件の母平均が異なるかもしれないし、ある条件の母平均だけが著しく小さいかもしれません。個々の条件間で母平均を比較することを、**多重比較 (multiple comparison)** と呼びます。

実験参加者内計画における多重比較では、大きく分けて 2 つの方針があります。それは、要因の誤差項を使用する方法と、ペアごとの誤差項を使用する方法です。要因の誤差項を使用するならば、どの条件間の母平均を比較する場合でも、表 14 - 2 の分散分析表における誤差の平均平方を用いて t 値を算出します [4)]。一方、ペアごとの誤差項を使用することは、ある条件間（たとえば条件 1 と条件 2）の母平均を比較する際に、それら 2 条件だけが含まれたデータセットを用いて再度分散分析を実施することに相当します。今回のような 1 要因の参加者内計画の場合には、特定の 2 条件間で対応のある t 検定を実施することと同じです。

分散分析を行っても、結局その後で 2 条件間の平均値差の検定を繰り返すのならば、何のために分散分析を行うのかと思うかもしれませ

3）井関（2013）による、「実験心理学者にとっての効果量」が詳しいです。
4）実験参加者間計画の多重比較でも同様です。

ん。実は条件数が3の場合、分散分析によって帰無仮説「全条件の母平均が等しい」が棄却された後ならば、多重比較においてBonferroni法やHolm法などで有意水準の調整を行わずとも、多重比較全体で第一種の誤りが5%を超えません（永田・吉田，1997)。もっともこれは、あくまでも選択肢の1つであることに注意してください。第一種の誤りの発生確率を下げることが実践上重要な状況であれば、3条件間の比較であってもBonferroni法などにより有意水準を調整することはありえます。条件数が4以上になると、Bonferroni法などで有意水準を調整せずに多重比較を行うと、多重比較全体で第一種の誤りが5%を超えてしまいます（永田・吉田，1997)。

本章では、ペアごとの誤差項を使用して、Holm法による多重比較を行うことにします（表14-3)。ペアごとの誤差項を使用する利点は、後述する球面性の仮定が満たされなかった場合には、特定の条件間の母平均を比較する際に、それ以外の条件の情報が混入しないことです。

最もp値が小さかった条件1－条件4の比較では、$p=.002$が調整された有意水準

$$\frac{\alpha}{6}=\frac{0.05}{6}\fallingdotseq 0.008$$

よりも小さいため、母平均が等しいという帰無仮説を棄却します。

次にp値が小さかった条件1－条件3の比較では、$p=.066$が調整された有意水準

表14-3　多重比較の結果

条件1－条件4	$t(4)=7.24,\ p=.002$
条件1－条件3	$t(4)=2.51,\ p=.066$
条件2－条件3	$t(4)=1.84,\ p=.140$
条件2－条件4	$t(4)=1.63,\ p=.178$
条件1－条件2	$t(4)=1.22,\ p=.290$
条件3－条件4	$t(4)=0.77,\ p=.485$

$$\frac{\alpha}{6-1}=\frac{0.05}{5}\fallingdotseq 0.01$$

よりも大きいため、母平均が等しいという帰無仮説を棄却せず保留します。よってこれ以降すべてのペアについても同様に、検定することなく帰無仮説を保留するという判断をくだします。

14.2　球面性の仮定

ここまで、球面性の仮定が満たされた理想的状況を想定して、実験参加者内計画における分散分析を解説してきました。しかし現実のデータ分析では、そのような仮定が常に満たされるとは限りません。球面性の仮定が満たされなければ、F 値が正確に F 分布に従うことを保証できません。そこで、まず球面性からの逸脱度を計算し、逸脱が認められた場合には補正を行う、という考え方があります。たとえば Greenhouse-Geisser の ε は下限が 1/(水準数－1) で上限が 1 であり、下限値に近いほど球面性から逸脱していることを表します。Greenhouse-Geisser の ε を発展させた Huynh-Feldt の ε もまた、下限値に近いほど球面性の仮定から逸脱していることを表します。これらの指標をどのように利用するかには、さまざまな方法があります。ここでは Greenhouse-Geisser の ε によって球面性からの逸脱度を評価し、それによる影響を“常に”補正したうえで分散分析を行う方法を紹介します。

本章のサンプルデータを用いて計算すると、Greenhouse-Geisser の ε ＝.506 でした（本章では計算過程は省略しますが、多くの統計ソフトウェアがこの値を出力してくれます)。条件と誤差の自由度それぞれに、この ε を掛けることで、分散分析における自由度を調整することにします。Greenhouse-Geisser の $\varepsilon=1$ であったならば、自由度に ε を掛けても、何も変化はありません。しかし球面性の仮定が満たされておらず、ε が下限値に近づくにつれて、調整された自由度は小さくなることになります。今回は条件の自由度が 3、誤差の自由度が 12 でした。$\varepsilon=.506$ をそれぞれの自由度に掛けて調整すると、条件の自由度は $3\times.506=1.518$、誤差の自由度は $12\times.506=6.072$ ということになります。

第 13 章の図 13－2 が示すように、自由度が変わると、F 分布の形状が変わります。条件と誤差の自由度がともに小さくなったとき、臨界値は大きくなる傾向にあります。すなわち F 値が同じでも、帰無仮説を棄却するという判断がよりくだされにくくなることになります。実際、図 14－2 が示すように、調整後の自由度を用いて $\alpha=0.05$ の場合の F 分布の臨界値を求めると約 5.42 であり、標本から計算した F 値 4.57 は臨界値を下回っています。すなわち、「全条件の母平均が等しい」という帰無仮説を棄却せず保留することになります。

仮に完全な球面性が保証できないならば、より帰無仮説を棄却するという判断がくだされにくい状況を作ることで、第一種の誤りを発生しにくくしているのです。このように、球面性からの逸脱度の指標を求め、それによって自由度を常に調整したうえで分散分析を行うことにより、完全な球面性が満たされていれば何も影響はなく、球面性からの逸脱が大きいほど強い補正を掛ける、という安全策を講じることができます。もちろんこれは、あくまで選択肢の 1 つであることに留意してください。第一種の誤りを生じさせにくくすることは、第二種の誤りが生じやすくなることでもあります。

また、球面性の逸脱度にはさまざまな指標があるので、どの指標を用いるかによって、帰無仮説を棄却するか否かの判断が変わる可能性があることに注意してください。たとえば仮に Greenhouse-Geisser の $\varepsilon=.506$ ではなく、Huynh-Feldt の $\varepsilon=.75$ を用いて自由度を調整した場合は、$\alpha=0.05$ の場合の F 分布の臨界値は約 4.13 であり、標本から計算した F

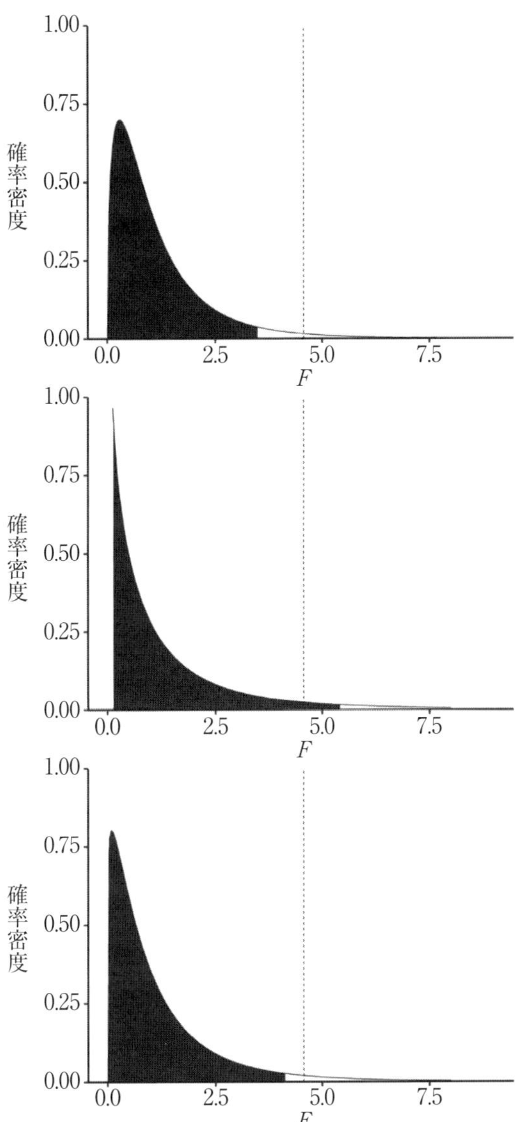

図 14－2　自由度の調整による F 分布の比較。自由度の調整を行わない場合（上段）。Greenhouse-Geisser の ϵ で自由度を調整した場合（中段）。Huynh-Feldt の ϵ で自由度を調整した場合（下段）。破線は標本から計算した F 値

値 4.57 は臨界値を上回っています。すなわち、「全条件の母平均が等しい」という帰無仮説を棄却します。この観点からも、効果量も含めて総合的に結果を眺めなければならないことが分かります。

コラム

多要因計画と交互作用

第 13 章と第 14 章にわたり、1 要因の実験計画における分散分析を解説してきました。実際の心理学的研究では、複数の要因を操作した実験が計画されることも多いです。そのような場合には、複数の要因が組み合わさって、実験参加者の反応に影響を及ぼすことがあります。

ここでは話を簡単にするために、2 要因の実験計画を考えます。各要因が実験参加者間要因か実験参加者内要因かによって、間×間の 2 要因計画、間×内の 2 要因計画、内×内の 2 要因計画、の 3 通りの組み合わせがあり得ます。

たとえば第 13 章の冒頭で、1 要因実験参加者間計画の例として、単語を記憶する際に（1）記憶作業に専念できる統制群、(2) 歌詞のない音楽を聴きながら単語を記憶する群、(3) 歌詞のある音楽を聴きながら単語を記憶する群、の 3 群を設けて成績を比較する実験を紹介しました。このような妨害方法を操作した 1 要因の実験計画に、記憶する刺激（単語または画像）に関する要因を追加した、2 要因の実験参加者間計画を考えてみましょう。この実験計画では、図 14－3 のように 6 通りの群が存在することになります。

妨害方法を区別せずに、記憶する刺激が単語か画像かだけで成績を比較したとき、単語を記憶した群のほうが画像を記憶した群よりも、平均的な記憶成績が低かったと仮定しましょう（図 14－3)。このような刺激の影響を、刺激の**主効果**（**main effect**）と呼びます。反対に、記憶する刺激が単語か画像かを区別せずに、妨害方法に関する群間だけで成績を比較した場合は、妨害方法の主効果に注目していることになります[5)]。

2 要因以上の実験計画では、各要因の主効果に加えて、複数の要因を組み合わせた影響である**交互作用効果（interaction effect）**にも注目できます。ある要因が従属変数に及ぼす影響（主効果）が、他の要因の水準によって異なる場合に、交互作用効果が認められます。たとえば図 14-3 のように、画像を記憶する群の中では妨害方法の影響が認められないとしても、単語を記憶する群の中では妨害方法によって平均的な成績が異なるかもしれません。

多要因の実験計画では全体の偏差平方和を、各要因の主効果に関する偏差平方和と、交互作用効果に関する偏差平方和、及び誤差の偏差平方和に分解することで、それぞれの効果が有意に認められるか否かを検証します。実際の計算方法は、山田・村井（2004）などを参照してください。

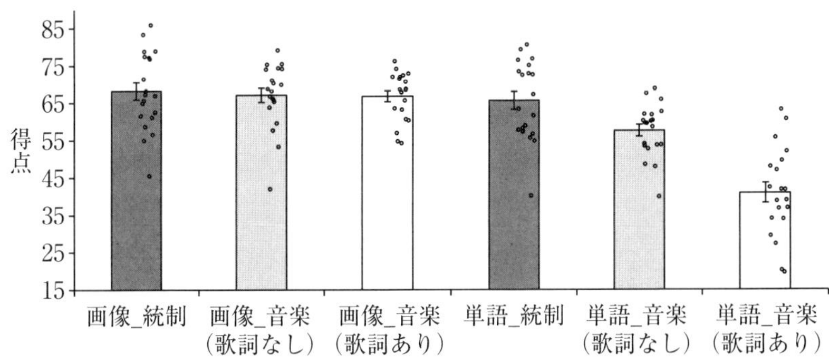

図 14－3　交互作用効果が認められる場合の結果例（架空データ）。点はローデータを、棒の高さは平均値を、誤差棒は平均±標準誤差の範囲を表す。

5）これまで紹介してきた、1 要因実験参加者間計画や 1 要因実験参加者内計画でも、ある要因の主効果を検証していました。

学習課題

実際に統計ソフトウェアを用いて、表14－1のデータに対して分散分析を実行してみましょう。

引用文献

- 井関龍太（2013）『実験心理学者にとっての効果量』専修大学心理科学研究センター年報, 2, 33-54.
- 永田靖・吉田道弘（1997）『統計的多重比較法の基礎』サイエンティスト社
- 山田剛史・村井潤一郎（2004）『よくわかる心理統計』ミネルヴァ書房

参考文献

- 川端一光・荘島宏二郎（2014）『心理学のための統計学入門』誠信書房
- 南風原朝和（2002）『心理統計学の基礎―統合的理解のために―』有斐閣
- 皆本晃弥（2016）『スッキリわかる確率統計―定理のくわしい証明つき―』近代科学社

15　統計的分析の注意点

清水　裕士

《目標＆ポイント》 本章では、これまで学んできた統計分析を行うに当たり、注意すべきこと、また最近の統計分析についての潮流について解説します。統計分析の仮定が満たされないときにどのような問題が生じるのかを理解しましょう。
《キーワード》 確率モデルの仮定、独立同分布の仮定、等分散の仮定、球面性の仮定、統計的検定の誤用、p hacking、HARKing

15.1　推測統計学に共通する仮定

これまで学んできた統計分析、とくに推測統計学ではさまざまな仮定がありました。統計分析に慣れてくると、しばしばこの仮定の存在を忘れてしまうことがあります。もし、それが満たされていないにもかかわらず分析を適用してしまうと、分析結果が歪められます。

本節では、特に推測統計学のおさらいをかねて、それらの仮定が満たされない場合にどのような対処法があるのかについて解説します。

15.1.1　確率モデルの仮定

推測統計学では、ほとんどの場合に確率モデルを仮定します。確率モデルは、母数の信頼区間を求めたり、検定したりといった、確率的な推定を行うときに必要な仮定です。本書では、母平均、母相関係数の推定のために、母集団分布の近似として正規分布を仮定するものを中心に扱いました。しかし、もし母集団分布が正規分布で十分近似できていない場合はどうすればいいのでしょう。また、どうすれば母集団分布が正規分布で近似できているかどうかが分かるのでしょうか。

まず、正規分布で近似できていない場合にどのようなバイアスが生じるのかを見てみましょう。いま、母集団分布が図 15－1 のように、左右非対称な分布であったとします。これは、ガンマ分布と呼ばれる確率分布です。ここで、期待値が 1.5 になるように設定したので、母平均も 1.5 です。明らかに正規分布とは違う形状をしています。このような母集団分布から得られたサイズ 25 のある標本について、確率モデルを正規分布だとみなして 95％信頼区間を計算したとしましょう。すると、標本平均 $\bar{x}=1.23$ 95%CI[0.91, 1.54] となりました。ややギリギリですが、一応正しく母数を含んでいます。しかし、同じ標本に対して、確率モデルを正しくガンマ分布とした場合の 95 信頼区間は[0.95、1.58]となります。このことから、正規分布を仮定したときに 95％信頼区間が少し小さめにズレていたことが分かります。

確率モデルの誤設定は、検定についても同様に生じます。正規分布を確率モデルとして仮定した場合の p 値は $p=.081$ となりますが、正しく

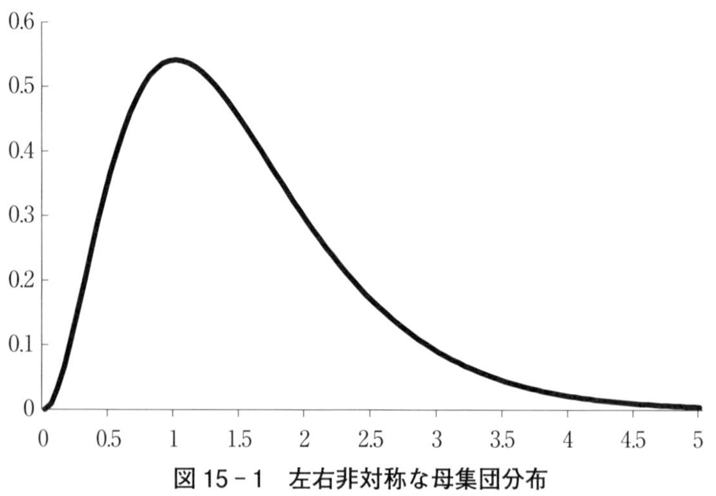

図 15－1　左右非対称な母集団分布

ガンマ分布を確率モデルとした場合の p 値は $p=.095$ となりました。このように、95%信頼区間も、統計的検定も、確率モデルを誤設定することによって結果が歪んでしまいます。

この問題を解決するには、基本的にはできるだけ母集団分布に近似できている確率モデルを選ぶ必要があります。ただ、今回は母集団分布がガンマ分布というよく知られた分布なので、正規分布からガンマ分布に改良する余地はありえます。しかし、実際には母集団分布は未知なので、どのように改良すればいいのかが難しいです。

そのような場合でも、まずは標本のヒストグラムをよく見ることが重要です。図 15 - 2 が標本のヒストグラムです。明らかに左右対称でないことが分ります。もし正規分布が母集団分布なら、真ん中にピークがあるのでこのような標本が得られる確率は非常に低いでしょう。標本サイズが大きくなるにつれて、だんだんと母集団分布の確率密度関数に近い形状のヒストグラムが得られてきます。第 2 章と第 3 章で学んだデータの要約や可視化の技術を使って、母集団分布が正規分布でない可能性を十分に考慮する必要があります。

経験的には、ヒストグラムを見て、真ん中がゆるやかにピークになっているようであるならば、正規分布を確率モデルとして仮定しても、それほど大きな問題は生じないことが多いです。ただ、それはある程度標

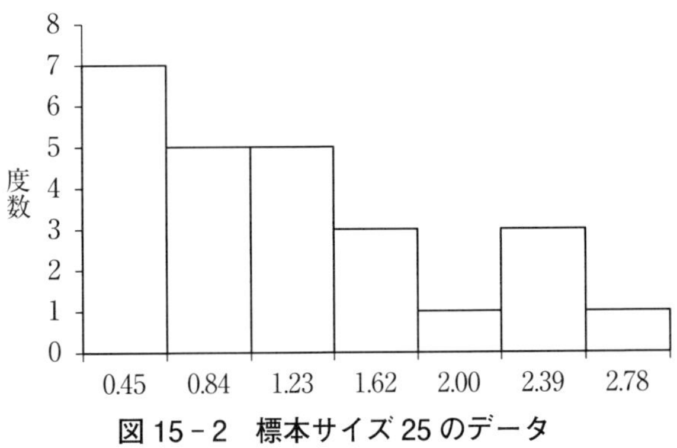

図 15 - 2　標本サイズ 25 のデータ

本サイズが大きいときです。標本サイズが30以下のように小さい場合は、かなり厳密に母集団分布が正規分布で近似できないとバイアスが生じます。一方で標本サイズが100程度あるような場合は、95%信頼区間を求めるという目的であれば、バイアスはそれほど大きくはなりません。たとえば、さきほどと同様に母集団分布がガンマ分布の場合でも、標本サイズが100のとき、95%信頼区間が正規分布のときで[1.34, 1.69]、ガンマ分布のときで[1.34, 1.67]でした[1)]。このように、標本サイズが大きくなるほど、95%信頼区間については、バイアスは小さくなっていきます[2)]。

本書のレベルを超えますが、確率モデルが母集団分布からどれほど離れているか、つまり、確率モデルがどれほど母集団分布を近似できているかの程度を評価することもできます。それは統計モデリングと呼ばれる分野です。本来は母数を推定する目的である推測統計学においても、確率モデルをいろいろ比較して、より近似精度の高いモデルを選択していくことが重要です。

15.1.2 無作為抽出標本の仮定

次に、推測統計学では、単純無作為抽出によって標本が得られていることが仮定されていました。そのことは、統計学的には標本が独立に、かつ、同じ母集団から得られていることを仮定していることと同じです[3)]。これを、独立同分布の仮定とも言います。標本の独立同分布は、本書ではあまり明示的にしてきませんでしたが、これまでの推定が正しくなるために必要な仮定です。もしこの仮定が満たされないとどうなるのでしょうか。

1）標本の変動の影響もあるので、100回の平均を計算しました。

2）これは、中心極限定理で説明できます。中心極限定理は、母集団分布がどのような分布でも、標本平均の標本分布が正規分布になることを保証します。よって、正規分布を母集団分布と仮定したときと同様、標本分布は正規分布として扱えるので、バイアスが小さくなるのです。また、母平均以外の母数についても、母集団分布が一定の簡単な性質を持っていれば、同様のことが言えます。

3）第7章を参照してください。

いま、100 人のデータを集めたいとします。しかし、100 人を無作為に集めるのは大変なので、まず 10 人を集め、そのあとその 10 人の人に 10 人集めてもらう、という方法で標本を得たとします。これは、標本が無作為に選ばれているわけではないため、単純無作為抽出ではありません[4)]。このような場合に、単純無作為抽出であるとみなして推定するとどのような問題が生じるかを確認しましょう。

たとえば、平均値が 5、標準偏差が 1 の正規分布から 10 個乱数を出し、そのあと、その 10 個の値を平均値、標準偏差が 0.1 の正規分布からそれぞれ 10 個ずつ乱数を出します。これで合計 100 個のデータを得たことになります。このデータを、正規分布から本書で学んだように単純無作為抽出を仮定した分析をすると、標本平均が 4.8、95％信頼区間は[4.59, 5.01]となり、母数をギリギリ含んでいます。しかし、この二段階の抽出を正確にモデルに反映させると、95％信頼区間は[3.92, 5.66]となり、先ほどよりもかなり広い区間が得られます。これは何を意味しているかというと、単純無作為抽出ではないのにそれを無理やり仮定して分析してしまうと、95％信頼区間を正しい推定よりも小さく見積もってしまうことがあるということです。

この問題をどう解決するかは、本書のレベルを超えていますので、いくつか紹介するにとどめます。1 つは標準誤差を修正する方法です。最初の 10 人がそれぞれ誰を集めてきたのかという情報（クラスタリングの情報）があれば、その情報に基づいて標準誤差を修正することができます[5)]。いくつかのソフトウェアはこの方法で標準誤差を補正してくれます。この方法で補正すると、95％信頼区間は[4.14, 5.46]と当初よりずいぶん広くなりました。次に、先ほど用いた、マルチレベル分析と呼ばれる二段階の抽出を確率モデルでそのまま表現する方法です。やや高度な分析になるので、習得にはすこし勉強が必要ですが、標準誤差を補正

4）二段階抽出法といいます。
5）クラスタ頑健標準誤差といいます。

する方法より、正確な推定結果が得られます。

このように、標本の得られ方が明らかに単純無作為でない場合は、無理やり分析するのではなく、分析に詳しい人への相談が必要です。

15.2　個別の統計分析の仮定

前節は、推測統計学全般に関わる仮定でしたが、本節では推定対象や方法に依存した仮定について解説します。

15.2.1　対応のない平均値差の推定における仮定

確率モデルが母集団分布を近似できていると期待できたとしても、それだけで統計分析がうまくいくわけではありません。母数を推定するための計算には、推定上の仮定がいくつかあります。

対応のない平均値差の区間推定や検定においては、確率モデルが正規分布であるという仮定以外に、2つの群の母分散が等しいという仮定がありました。それでは、2つの群の母分散が等しくない場合、どういった問題が生じるでしょうか。

いま、母分散が違う2つの母集団から、標本を取って、平均値の差の検定を行うことを考えます。まず、母集団の母標準偏差の比を0.2～5に変化させます。次に、同じサイズの標本をそれぞれ取る場合、違うサイズの標本を取る場合それぞれについて、有意水準が5%のときの第一種の過誤の確率[6]がどのように変化するかを図にしました。

結果は図15－3と図15－4のとおりです。横軸は2つの母標準偏差の比です。縦軸は第一種の誤りの確率です。縦軸が0.05になるのが理想です。さて、図15－3は標本サイズが等しい場合の母標準偏差の違いによって第一種の誤りの確率はほぼ5%になっていました。正しく検定できていることが示されています。一方、図15－4から、標本サイズが2

6）第12章を参照してください。

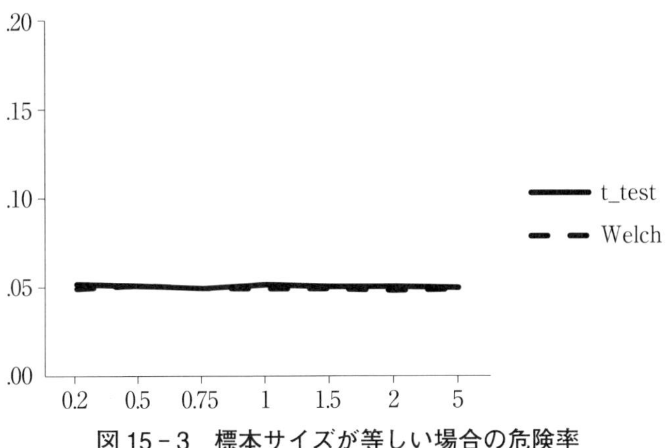

図 15－3　標本サイズが等しい場合の危険率

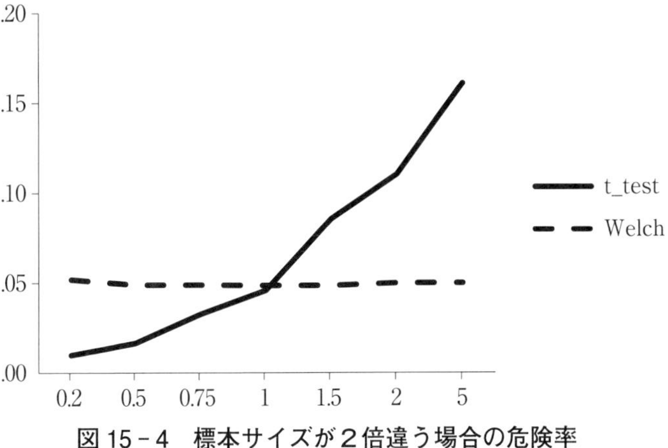

図 15－4　標本サイズが２倍違う場合の危険率

倍違う場合、母標準偏差の違いによって第一種の誤りの確率が 5% と大きく異なることが分ります。

このように、標本サイズと母分散が異なる 2 群の差を検定するとき、大きなバイアスが生じ得ることが分かりました。そのような場合でも、第一種の誤りの確率を 5% に維持できる方法があります。それが、図

15－3と図15－4の破線で示されているWelchの検定です。Welchの検定を用いることで、2つの群の標本サイズと母分散が異なっていたとしても、適切に検定することができます。

本書ではWelchの検定の詳細を解説する余裕はありませんでしたが、多くのソフトウェアで出力可能です。図から分るように、たとえ母分散が等しい場合でも正確な検定ができるので、対応のない2群の平均値の差の検定のときには、常にWelchの検定を使うことが推奨されます。また、95%信頼区間についてもWelchの方法を用いて計算することもできます。それも、多くのソフトウェアで出力してくれます。

15.2.2　対応のある分散分析の仮定

対応のある分散分析では、対応のない平均値差の推定の場合と似たような仮定があります。それは、球面性の仮定です[7]。球面性の仮定は、群間の差の分散が、すべて等しいというものです。具体的には、A、B、Cの3群の平均値の差を比較するとき、AとBの差と、AとCの差と、BとCの差の3つがありえます。第13章や第14章で解説された方法で計算されたF値がF分布に従うためには、これら3つの差の標準誤差がすべて等しくなければなりません。もし、差の分散が等しくない場合に通常の分散分析を実施したらどうなるのでしょうか。

差の分散を変えるのは難しいので、ここでは群ごとの母標準偏差を変えることで代用します。いま、母集団から標本を得て、平均値の差を検定することを考えます。そのとき、母平均は各群同じですが、球面性の仮定が成り立たないように母分散について設定します[8]。母平均が一致しているため、帰無仮説$H_0 : \mu_1 = \mu_2 = \mu_3$が真であることになりますが、第一種の過誤は5%の確率で起きるため、上記の設定でも5%の確率で

7）第14章を参照してください。

8）球面性の厳密な定義は本書のレベルを超えるため、割愛します。ここでは、多変量正規分布から乱数を生成し、そのときの共分散行列が球面性の仮定を満たさないように設定しました。

有意差が検出されるはずです。さて、差の分散が違っている場合、第一種の誤りの確率は5%で維持されるでしょうか。

10000 回の乱数を発生させて確認したところ、第一種の誤りの確率は8.76%となりました。つまり､5%より大きくなっています。このように、分散分析の仮定である球面性を満たさないと、正しい検定ができなくなることが分かりました。

球面性の仮定を逸脱しているかどうかは、球面性について検定で知ることができますが、球面性の検定を行った後、差の検定を行うとその結果にバイアスが生じます。それは、検定は5%の確率で間違うため、検定結果に基づいて分析方法を決定することで、一定のバイアスが生まれてしまうためです。そこで、第 14 章でも紹介されていた、自由度の補正方法を使います。どの補正方法でも大きな違いがありませんが、これらを利用することでより正確な検定ができるようになります。

15.3　統計的検定の誤用

統計的検定は、心理学で最も使われる統計分析といっても過言ではありません。しかし、近年、統計的検定の使われ方が本来の正しい使い方から逸脱することにより、研究結果が歪められていることが指摘されています[9)]。具体的にどのような問題があるのでしょうか。以下では、統計的検定に関わる、p hacking と呼ばれる、問題のある検定の実践方法を紹介します。p hacking とは、本来の統計的検定のルールを逸脱し、不当な p 値を報告することをいいます。以下では、それがなぜ問題なのかについて解説します。

15.3.1　標本サイズを、分析結果を見てから増やす

統計的検定では、事前に確率モデルと帰無仮説を設定しておく必要が

9）統計的検定の持つ問題点は、池田･平石（2016）に詳しい内容が書かれています。

あります。また、帰無仮説を決める段階で、標本サイズもあらかじめ決めておく必要があります。なぜなら、標本サイズが定まらないと、検定前に帰無分布が定まらないためです。しかし、これらの設定を「データを見てから」変えたとしたらどうなるでしょうか。たとえば、設定した確率モデル、帰無仮説や標本サイズでは有意な差がでなかったとしましょう。そこで、「もう少しデータを増やしたら有意になりそう」と思い、データを追加して検定したところ、有意差が出たとします。そのとき、「有意差があった」と報告していいでしょうか？もちろん、これは問題のある検定方法になります。なぜなら、検定結果を見ることで標本サイズを変化させると、本来のあらかじめ決めておくべき帰無分布が歪んでしまいます。もし、この手続を繰り返していると、第一種の誤りの確率が5%より大きくなってしまいます。

いま、次のようなシミュレーションをしてみました。最初、平均0の正規分布からサイズ10の標本を取り、母平均が0である帰無仮説を立て、有意水準5%の検定を行います。そして、有意だったらそれで終わり、有意でなかったらデータを1つ追加します。それを1回～10回繰り返す場合に第一種の誤り（本当は母平均が0なのに0じゃないと主張してしまう誤り）の確率がどう変化するかを10000回シミュレーションしました。結果が図15‐5です。有意になるまでデータを増やす場合、それを10回もやると5%を遥かに超え、13%までに至ります。このように、「分析結果を見てからデータを増やす」という手続きは、第一種の誤りの確率を5%に留めることができません。

15.3.2　帰無仮説を、結果を見てから変える

次に、結果を見てから帰無仮説を変えるという問題を考えます。

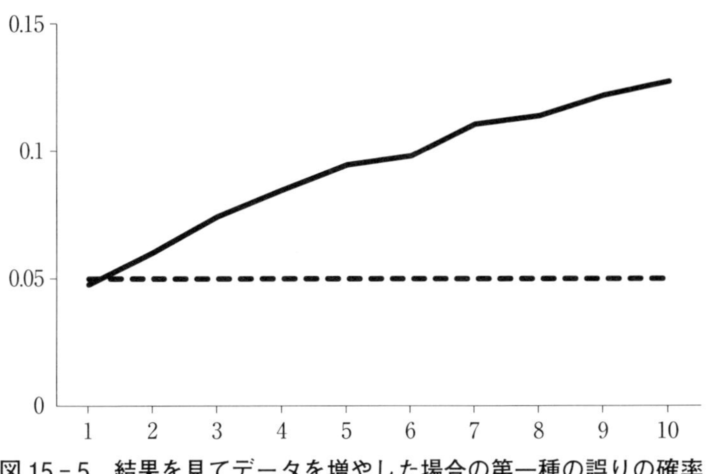

図 15－5　結果を見てデータを増やした場合の第一種の誤りの確率

【例】

3 つの群（A,B,C）を用意し、1 つが統制群（A)、もう 2 つが実験群（B,C）だとします。第 13 章で習った分散分析をしてみると、効果が有意ではありませんでした。しかし、統制群 A と実験群 B で平均値差の検定をしてみると、*p* 値は 0.045 と出力されました。これを受けて、もともと 3 群ではなく A と B の 2 群しかなかったとすれば、有意な結果が得られそうです。

さて、このような手続きはもちろん正しくありません。分散分析は 3 群を同時に検定するための手法で、それを 2 群の平均値差の検定を繰り返して行い、有意な組だけを「あたかもはじめからそのような帰無仮説であった」かのように見せるのは、明確に誤った研究実践です。

シミュレーションをしてみましょう。いま、3 群とも平均が同じ正規分布からサイズ 25 の標本を得て、1 つは分散分析が有意なときのみ結果を報告し、もう1つは3群の平均値差について、ペアごとに検定を行い、どれか1つでも有意であったなら1つの群をなかったことにするという手続きで結果を報告する場合を考えます。そのような手続きで10000回検定を行うと、分散分析を使った場合は第一種の誤りの確率は5.1%とほぼ有意水準を維持できました。しかし、有意なペア以外をなかったことにする手続きでは、第一種の誤りの確率は12.3%と大きくなりました。

このように、結果を見てから帰無仮説を変えることは、第一種の誤りの確率を大きくしてしまい、問題です。このような手続きを**HARKing**(**Hypothesizing After the Results are Known**)といいます。HARKingは、有意な検定結果を求めるがゆえに犯してしまいがちな、問題のある研究実践です。しかし、本来、科学的研究は有意な結果を報告することに価値があるのではなく、正しい結果を報告することにこそあります。しっかりした実験計画で有意な差が得られなかったのなら、その情報自体に価値がありますので、正直に報告しましょう。

また、どうしても結果を確認したあとに「もともとデータを取る前にそれを考えていた」と言いたくなる気持ちが生じることがあるのも分からなくはありません。また、人は無意識にそのような認識にとらわれることがあります。そのようなことがないように、近年ではデータを取る前に序論と方法だけを書いて、事前登録する方法が推奨されています。こうすれば、分析結果を見てから序論を変更するということができなくなるため、HARKingを抑制することができます。本書の読者であるみなさんも、できればデータを取得するまえにレポートを担当教員に提出しておくことが望ましいでしょう。

15.3.3 統計的検定の解釈について

統計的検定は、帰無仮説をデータによって棄却して、対立仮説が真であることを主張するための方法です。しかし、すでに述べたように統計的検定の主張が正しくあるためには、確率モデルが母集団分布を十分近似している必要があります。よって、検定の結果が有意であったからといって、帰無仮説が必ず棄却できているとは限りません。「有意差があった」と主張するときには、さまざまな統計的検定にまつわる仮定が十分満たされているかに注意が必要です。

15.4　統計学を正しく使うために

これまで紹介したように、推測統計学では、母数を正しく推定・検定するための方法には多くの前提、仮定があります。これらを正しく理解し、手続きを守りながら利用できれば、推測統計学は母集団の性質を知るための強力な武器となるでしょう。

本章では、特に統計的検定にまつわる仮定の逸脱によって生じる問題を取り上げました。心理学の実験結果の再現性を高めるためには、統計的検定の利用を避けたほうがいい、という議論も出始めています[10)]。統計的検定は、使わないほうがいいのでしょうか。

第 1 章でも触れたように、多くの心理統計の教科書では統計的検定が中心に解説されていました。しかし、本書では上記のような背景をうけて、統計的推定を中心にしつつ、検定については補足的な位置づけで解説を行ってきました。著者らは統計的検定を絶対視する考え方に対しては反対していますが、一方で、統計的検定を一切使うべきではないとも考えていません。正しい使い方をすれば有力な方法であることは間違いないでしょう。

しかし、検定結果だけを報告することは望ましくはありません。統計的検定を行うとき、常に効果量（Cohen の d や相関係数）の 95% 信頼区間をも合わせて報告するのが望ましいでしょう[11)]。たとえば相関係

10）たとえば、大久保（2016）『帰無仮説検定と再現可能性』心理学評論、59、57-67. で議論されています。

11）効果量の報告については、大久保・岡田（2012）に詳しく書かれています。

数を報告する場合、無相関の検定結果だけを報告することは、母相関係数が0ではないことを言っているだけに過ぎず、情報量が非常に少ないです。$r=.36[.24,\ .41]$といったように、信頼区間を示せば、その区間に0が含まれていないことから検定も有意であることが一目瞭然ですし、母数の区間についてもおおよそ見当がつきます。検定を行うときは、必ず効果量の信頼区間を同時に報告するようにしましょう。

最後に、心理統計学はあくまで統計学の一部であり、データ分析の理論と計算方法を提供するものにすぎません。具体的に心理学の研究を行っていくためには、実験や調査など、心理学研究法について深く理解する必要があります。心理学の理論的な知識に加え、心理統計学と心理学研究法の両方を身につけてこそ、正しい研究実践が可能となります。他の講義で学んだことと有機的に結びつけて、心理学統計法で学んだことを実践してください。

学習課題

母平均の推定、母相関係数の推定において、それぞれどのような仮定があるのかを確認しましょう。

引用文献

- 池田功毅・平石界（2016）『心理学における再現可能性危機：問題の構造と解決策』心理学評論, 59, 3-14.
- 大久保街亜・岡田謙介（2012）『伝えるための心理統計』勁草書房
- 大久保街亜（2016）『帰無仮説検定と再現可能性』心理学評論, 59, 57-67.

索　引

●配列は「五十音順」「数字・記号・欧文字」の順

●ア　行

●カ　行

●サ　行

●タ　行

●ハ　行

●マ　行

●ヤ　行

●ラ　行

●数字・記号・欧文字

分担執筆者紹介

（執筆の章順）

紀ノ定　保礼（きのさだ・やすのり）

・執筆章→ 2，3，13，14

2009年　同志社大学文化情報学部卒業
2014年　大阪大学大学院人間科学研究科　博士後期課程修了
2014年　大阪大学大学院人間科学研究科助教
2017年　静岡理工科大学情報学部講師
現在　静岡理工科大学情報学部准教授
専攻　認知心理学、交通行動研究、人間工学
主な著書・論文：『RユーザのためのRStudio［実践］入門―tidyverseによるモダンな分析フローの世界―』（共著　技術評論社，2018年）
『たのしいベイズモデリング　事例で拓く研究のフロンティア』（共著　北大路書房，2018年）
『はじめての心理学概論　公認心理師への第一歩』（共著　ナカニシヤ出版，2019年）
“Trusting Other Vehicles' Automatic Emergency Braking Decreases Self-Protective Driving”, Human Factors, in press, 2020年

平川　真（ひらかわ・まこと）　・執筆章→ 4，5，10，11

2010年　広島大学教育学部　卒業
2014年　広島大学大学院教育学研究科博士課程後期　修了
現在　広島大学大学院人間社会科学研究科講師
専攻　社会心理学、対人コミュニケーション
主な論文：自己―他者配慮的目標が間接的要求の使用に及ぼす影響　心理学研究　82巻 532-539　2012年
要求表現の使い分けの規定因とその影響過程：ポライトネス理論に基づく検討　実験社会心理学研究　52巻 15-24　2012年

編著者紹介

清水　裕士（しみず・ひろし）

・執筆章→1，6，7，8，9，12，15

1980年　　大阪府に生まれる
2003年　　関西学院大学社会学部 社会学科卒業
2008年　　大阪大学大学院人間科学研究科　単位取得退学
2011年　　広島大学大学院総合科学研究科　助教
2015年　　関西学院大学社会学部　准教授
現在　　　関西学院大学社会学部　教授
専攻　　　社会心理学，心理測定学

主な著書・論文：清水裕士・荘島宏二郎（2017）．社会心理学のための統計学　心理尺度の構成と分析　誠信書房

清水裕士（2014）．個人と集団のマルチレベル分析　ナカニシヤ出版

清水裕士・稲増一憲（2019）．政治的態度の母集団分布の形状を推定する―統計モデリングアプローチ―　理論と方法, 34, 113-130.

清水裕士（2018）．心理学におけるベイズ統計モデリング 心理学評論，61，22-41.

清水裕士（2016）．フリーの統計分析ソフトHAD：機能の紹介と統計学習・教育，研究実践における利用方法の提案　メディア・情報・コミュニケーション研究，1，59-73.

放送大学教材　1529510－1－2111（テレビ）

心理学統計法

発　行　　2021 年 3 月 20 日　第 1 刷
　　　　　2024 年 1 月 20 日　第 3 刷
編著者　　清水裕士
発行所　　一般財団法人　放送大学教育振興会
　　　　　〒 105-0001　東京都港区虎ノ門 1-14-1　郵政福祉琴平ビル
　　　　　電話　03（3502）2750

市販用は放送大学教材と同じ内容です。定価はカバーに表示してあります。
落丁本・乱丁本はお取り替えいたします。

Printed in Japan　ISBN978-4-595-32245-7　C1311